Günter Ewald
Nahtoderfahrungen

topos taschenbücher, Band 591

Günter Ewald

Nahtoderfahrungen

Hinweise auf ein Leben nach dem Tod?

topos taschenbücher

Verlagsgemeinschaft topos plus
Butzon & Bercker, Kevelaer
Don Bosco, München
Echter, Würzburg
Lahn-Verlag, Kevelaer
Matthias-Grünewald-Verlag, Ostfildern
Paulusverlag, Freiburg (Schweiz)
Friedrich Pustet, Regensburg
Tyrolia, Innsbruck

Bibliografische Information der Deutschen Nationalbibliothek
Die Deutsche Nationalbibliothek verzeichnet diese Publikation in der
Deutschen Nationalbibliografie; detaillierte bibliografische Daten
sind im Internet über http://dnb.d-nb.de abrufbar.

2009 Verlagsgemeinschaft **topos** plus, Kevelaer
4. Auflage
Das © und die inhaltliche Verantwortung liegen beim
Matthias-Grünewald-Verlag, Ostfildern

Einband- und Reihengestaltung | Finken & Bumiller, Stuttgart
Umschlagabbildung: www.photocase.com/claudiarndt
Herstellung: Pustet | Regensburg
Printed in Germany

Topos ISBN: 978-3-8367-0591-2

www.toposplus.de

Inhalt

Vorwort und Dank

Der vorliegende Beitrag ist aus meinem Buch „An der Schwelle zum Jenseits. Die natürliche und die spirituelle Dimension der Nahtoderfahrungen" (2001) hervorgegangen, allerdings stark überarbeitet und gestrafft. Sieben neue Nahtodberichte sind hinzugekommen, drei weggelassen, größere Teile des Textes neu geschrieben. Die Grundkonzeption ist geblieben, einige Perspektiven sind aber, wie ich hoffe, tiefer und schärfer geworden.

Danken möchte ich den Nahtodbetroffenen, die ihre Berichte zur Verfügung gestellt haben, und besonders einigen unter ihnen, mit denen ich in vielen Gesprächen mehr erfahren habe, als im Geschriebenen zum Ausdruck kommt.

Einleitung

Im Juli 2005 schrieb mir ein Arzt, den ich nicht kenne, eine kurze Notiz, in der es heißt:

> *„Bin Herz-Thoraxchirurg und habe sieben Patienten persönlich als Betroffene während ihrer stationären Behandlung mit Nahtoderfahrung / Außerkörpererfahrung glaubwürdig berichten hören. Die meisten meiner Kollegen waren zu diesem Thema angesprochen ratlos.*
>
> *Zwei dieser Patienten hatten diese Erfahrung mitten innerhalb des herzchirurgischen Eingriffs und bei laufender extracorporaler Zirkulation bei natürlicher Asystolie (Herzstillstand), sie beschrieben exakt mit Blick von der OP-Decke sich mit offenem Brustkorb liegend und die an der Operation beteiligten Kollegen und instrumentierenden Schwestern sowie, was gesprochen wurde. Es hatte sich um absolut glatt verlaufende Herz-Op's gehandelt.*
>
> *Die anderen fünf Fälle spielten sich in Zusammenhang mit Reanimationsereignissen ab. Bildungsstand von Facharbeiter bis zum Maschinenbau-Prof.-Ing."*

Die Ratlosigkeit, von der der Chirurg redet, ist ein verbreitetes Phänomen, nicht nur unter Ärzten, sondern auch unter Psychologen und Seelsorgern. Und doch scheint sich unter Ärzten am ehesten eine Veränderung abzuzeichnen. So veröffentlichte im Februar 2001 die Ärzte Zeitung einen Beitrag „Ein Leben nach dem Tod mit Licht und mystischen Wesen?" Man liest darin: „Britische Forscher haben die bislang schlüssigsten Hinweise auf ein Leben nach dem Tod entdeckt. Von 63 Asystolie-Patienten berichteten 7, nach dem Herzstillstand Freude und Hoffnung gefühlt und ein helles Licht am Ende eines Tunnels gesehen zu haben." Zitiert wird dabei Dr. Parnia, Leiter eines fortlaufenden Projektes an der Universitätsklinik in Southampton, das sich mit der Frage eines möglichen Lebens nach dem Tod befasst. – Das steht in merkwürdigem Kontrast zur sogenannten Ganztodlehre, die von vielen Theologen vertreten wird. Danach stirbt beim Tod der ganze Mensch, nichts bleibt übrig, keine Seele oder ähnliches. Erst am Jüngsten Tag schafft Gott aus seinem Gedächtnis heraus jeden Menschen neu und zieht ihn zur Verantwortung.

Die Fronten scheinen also vertauscht: Hatte doch die Theologie versucht, naturwissenschaftlich zeitgemäß zu sein und den Ganzheitsvorstellungen der Psychologie Rechnung zu tragen, nach denen man Leib und Seele nicht voneinander trennen, also auch im Tod nicht von einem Weiterleben der Seele sprechen kann. Nun reden aber gerade Mediziner und Naturwissenschaftler davon, dass es nach dem Tod weitergeht und möglicherweise mit dem Körper keineswegs der ganze Mensch stirbt. Man mag sich bereits ein Szenario vorstellen: Im Krankenhaus liegt Frau Meier im Sterben und hat ein Lichterlebnis. Ein Seelsorger, dem sie das erzählt, sagt: Tut mir leid, liebe Frau Meier, das sind letzte Zuckungen Ihres sterbenden Gehirns, mit Leben nach dem Tod oder Auferstehung hat das nichts zu tun. Dann kommt der Arzt herein und meint, nachdem er die Sterbende angehört hat: Wie schön, Frau Meier, Sie werden im Licht erwartet.

Wenn wir uns mit Nahtoderfahrungen befassen, so geht es also nicht nur um einen Bereich exotischer Erlebnisse, die gelegentlich auftauchen und nach unserer Stellungnahme oder Beratung verlangen. Vielmehr sind wir auf eine neue Weise mit der alten Frage nach einer unsterblichen Seele des Menschen konfrontiert. Haben Theologen vielleicht voreilig die unsterbliche Seele abgeschafft und müssen sich nun von denen korrigieren lassen, denen sie damit besonders entgegenkommen wollten?

Ich möchte nicht behaupten, dass die Rollen von Medizin und Theologie bereits vertauscht sind. Noch beherrscht das an Pharmakologie und Apparaten orientierte Denken die ärztliche Zunft und werden weithin Nahtoderlebnisse als belanglose Nebenwirkungen oder der Spukszene zuzurechnende Phantasie angesehen. Auch kann man in der Neurobiologie verstärkt eine Tendenz zu materialistischer Erklärung alles Geistigen und Religiösen erkennen. Aber es gibt eine stärker werdende Gegenströmung. In 2002 wurde auf der Tagung der deutschen Intensiv- und Notfallärzte in Bremen erstmalig eine Sektion eingerichtet, die sich eigens mit Nahtoderlebnissen und allgemein paranormalen Phänomenen befasste. Auch das ist ein Indiz für neue Aufgeschlossenheit. Verstärkt wird sie vermutlich durch die Tatsache, dass infolge verbesserter Reanimationsmethoden weit häufiger als früher Menschen aus einem fortgeschrittenen Koma-Zustand zurückgeholt werden und auch mit größerer Unbefangenheit von dem berichten, was sie im Grenzfeld zwischen Leben und Tod erlebt haben.

Was aber sind Nahtoderfahrungen? Wir verwenden den Begriff nicht für alle Erlebnisse von Sterbenden, sei es dass sie eher von Schrecken oder von Frieden geprägt sind. Wir sprechen hier von bestimmten Extremerfahrungen, von denen nach Umfragen etwa 5% aller Deutschen zu berichten wissen, oft erst dann, wenn man sie ausdrücklich danach fragt. Die Erfahrungen treten meistens unerwartet auf, etwa bei Unfällen, Herzstillstand während einer Operation, sogar noch bei Nulllinien der Hirnströme im EEG. Sie können aber auch spontan vorkommen oder bei Einnahme von Drogen wie Ketamin und schließlich bei Tiefenmeditation, was eine Nähe zu mystischen Erlebnissen andeutet. Erstaunlicherweise findet man in den Nahtoderlebnissen dieser Art immer wieder bestimmte Grundmuster wie

– das Erleben, über dem eigenen Körper zu schweben und den eigenen Körper detailliert wahrzunehmen, beispielsweise bei der Wiederbelebung durch Ärzte und Schwestern im OP,
– eine Tunnel-Lichterfahrung
– in diesem Licht Begegnung mit bereits verstorbenen Freunden oder Verwandten, manchmal auch Lichtwesen
– euphorische Glücksgefühle, in seltenen Fällen auch

schreckliches Erleben, oft mit Übergang in eine Glücks-
phase
– Wahrnehmung einer Art Lebensfilm oder eines Bilder-
panoramas mit Szenen aus dem bisherigen Leben, dann
– Enttäuschung über die Rückkehr in den – oft kranken –
Leib
– Und schließlich positive Auswirkungen auf Religiosität,
insbesondere Glauben an ein Leben nach dem Tod.

Nicht, dass immer alle diese Merkmale auftreten, aber
meist sind es mehrere davon, und zwar unabhängig von
Alter, Geschlecht, Nationalität, Rasse, Religion.[1]

Auf der anderen Seite trägt jede Nahtoderfahrung eine
individuelle, unverwechselbare Note, die von der Biografie
sowie dem sozialen und kulturellen, auch dem religiösen
Umfeld abhängt. Das entspricht unserem Dasein insgesamt:
Auch wenn wir biologisch nach denselben Prinzipien „gebaut" sind, erweisen sich keine zwei Leben als identisch,
nicht nur hinsichtlich ihres allgemeinen Ablaufs, sondern
bereits in verschiedenartiger angeborener oder durch Erziehung erworbener Prägung. Deutsche können manche chi-
nesische Laute nur schwer aussprechen, aber Amerikaner
haben auch Probleme, ein deutsches „ü" zu artikulieren.
Schließlich ist zu beachten, dass Nahtoderfahrungen eine
prägende, oft umprägende Kraft für das individuelle Leben
darstellen. – Nahtoderlebnisse sind in dieser Doppelsicht zu
betrachten, will man ihrer medizinisch-biologisch-psycho-
logischen Fundierung und zugleich ihrer über das rational
verstehbare Gerüst hianausweisenden Bedeutung gerecht
werden. Der vielfach unternommene Versuch, Nahtoderlebnisse in naturwissenschaftlichen Kategorien vollständig
zu verstehen, kann als gescheitert angesehen werden. Das
soll im Folgenden deutlich werden. Auch für das gegenteili-
ge Extrem einer esoterischen Deutung dieser Erfahrungen
geben Nahtodberichte, nüchtern betrachtet, kaum etwas
her. Dass wir in Nahtoderfahrungen gleichwohl Hinweise
für ein Leben nach dem Tod erblicken, soll nicht „bewie-
sen", sondern als Überzeugung dargelegt werden, die sich

mit dem heutigen Stand medizinischer und physikalischer Forschung verträgt.

Lassen wir aber zuerst Betroffene zu Wort kommen! Mit 30 Berichten legen wir ein breites Fundament für unsere weiteren Überlegungen. Die Berichte sind nicht repräsentativ, stellen aber ein buntes Spektrum von Reaktionen auf Vorträge und Internet-Äußerungen sowie (in der Mehrzahl) auf eine frühere Buchveröffentlichung von mir dar. Die Hälfte derer, die berichten, habe ich persönlich kennen gelernt, mit den anderen korrespondiert.

I. Der Weg ins Licht.
Was Betroffene erleben

1. Ich fühle das Licht in mir

Sabine Mehne, verheiratet, drei Kinder, hatte eine Praxis als Physio- und Familientherapeutin, als ihr Leben 1995 im Alter von 38 Jahren einen tiefen Einschnitt erfuhr. Sie erkrankte an einer heftigen Grippe mit peripherer Lymphknotenschwellung. Nach weiteren Beschwerden, Krankenhausaufenthalten und quälender Zeit der Untersuchungen stellte sich im Oktober desselben Jahres heraus, dass sie eine der Leukämie ähnliche Krankheit (hochmalignes Non-Hodgkin-Lymphom) hatte. Sie durchlitt mehrere Chemotherapien, im März 1996 erfolgte eine Hochdosischemotherapie mit anschließender Knochenmarktransplantation.[1] *„Monatelang war ich mit dem Thema Sterben und mit großem Leid konfrontiert und hatte in dieser Zeit die bewegendsten Nahtoderfahrungen."*

Wie ihr erst später in Erinnerung kam, waren es nicht die ersten Erfahrungen dieser Art. Einmal war sie als etwa Achtjährige kopfüber in eine Regentonne gefallen und sah in einem Außerkörpererlebnis sich selbst von oben, *„mit einer Mischung aus Freiheit und Panik"*. Ihre Schwester rettete sie. Auch mit 28 Jahren lag sie eines Tages mit hohem Fieber im Bett. *„Ich war allein im Haus, es war ein Nachmittag und es geschah ganz leicht und leise. Ich verließ meinen Körper und schwebte über mir. In diesem Zustand der Ruhe und der unendlichen Freiheit schaute ich auf mich herunter. Ich sah kein Licht, nur eine weiche Wolke. Sie war weiß, wie Watte. So leicht und langsam, wie ich den Körper verlassen hatte, so glitt ich auch wieder zurück. Es war sehr schön. Danach habe ich tief und entspannt geschlafen. Kurz danach* *bin ich zur Überraschung aller sehr schnell wieder gesund geworden."*

Nun aber war die Situation weitaus dramatischer. Blasenlähmung und hohes Fieber stellten sich ein, trotz starker Mittel hatte Sabine *„Schmerzen, für die ich kein passendes Wort finden kann."* Und sie berichtet weiter:

„Ich lag also in diesem Bett und es geschah wie von selbst: Ganz leicht habe ich meinen Körper verlassen. Über den Kopf, wie ein Flaschengeist, bin ich aus meiner Hülle geglitten und fand mich über mir schwebend wieder. In diesem Zustand konnte ich alles gleichzeitig wahrnehmen. Ich konnte gleichzeitig nach unten auf meinen Körper und die Ärzte blicken, ohne dabei meine Blickrichtung verändern zu müssen. Ich sah, wie Prof. W. den Ultraschallknopf bewegte. Er stand rechts an meinem Bett, ebenso das Gerät und links standen noch zwei Ärzte und sahen zu. Ich glaube, eine Schwester war auch anwesend, bin mir aber nicht mehr so sicher. Ich wusste, dass es mein Körper war, der in diesem Bett lag, aber da ich von ihm getrennt war, hat mich das überhaupt nicht tangiert. Ich verspürte keinerlei Schmerzen mehr und fühlte mich da oben schwebend sehr wohl, denn ich war umhüllt von einem Licht, wie ich es bis dahin noch nie in meinem Leben gesehen hatte. Dieses Licht war noch schöner als ein Sonnenaufgang oder ähnliches. Ich konnte die einzelnen Teile des Lichtes sehen, ja ich hatte den Eindruck selbst Licht zu sein. Ich fühlte mich dort oben oval, als Ganzes und hatte kein Gefühl für einzelne Körperteile. Nur meinen Kopf, mit einem lächelnden Gesicht, nahm ich wahr. Besonders die Augen, sie schienen größer als sonst. Ich glaube mein Gesicht bestand fast nur aus diesen Augen. Der Rest von mir war groß und oval, fließend weich. Ich fühlte mich hellwach und war überwältigt von der unendlichen Freiheit und Leichtigkeit. Zeit spielte keine Rolle mehr. Ich war eingetaucht in die Unendlichkeit und hatte den Eindruck ohne Worte die ganze Welt, mehr noch, das ganze Universum zu verstehen. Immer wieder sah ich auch nach unten auf mich und die Ärzte, aber es war mir gleichgültig, denn in dieser neuen Dimension ging es mir unbeschreiblich gut. Das

Licht erfüllte den ganzen Raum bis zur Decke und darüber hinaus und vermittelte mir ein riesengroßes Geborgenheitsgefühl, ähnlich einem großen Liebesgefühl, ja eigentlich die Liebe pur. Phasenweise hörte ich auch Musik, einzelne, wohlklingende, wechselnde Harmonien. Wiederum gleichzeitig erschien mein ganzes Leben im Zeitraffer vor mir. Von ganz früher bis zum damaligen Zeitpunkt erschienen verschiedene schöne Situationen, wie meine Hochzeit oder die Geburt der Kinder. Besonders stark konnte ich die Liebe zu meinem Ehemann spüren. Aber es kamen auch Situationen aus meinem Leben, mit denen ich nicht so zufrieden war, wo ich mir gewünscht hätte besser gehandelt zu haben. Diese wurden einer neuen Bewertung unterzogen, eine Art des Verzeihens von mir, aber auch denen, die damals beteiligt waren. Ich wollte nicht mehr zurück in meinen kranken Körper, jedoch wurde diese Herrlichkeit jäh und plötzlich beendet und ich fand mich wieder in meinem schmerzenden Körper und in diesem weißen Bett."

Eine Art Nachspiel ist das folgende Beinahe-Nahtoderlebnis; es wirft ein deutliches Licht auf die Einbindung des inneren Erlebens in die physische und menschliche Umgebung:

„Es gab eine weitere bemerkenswerte Situation, in der ich vollgestopft mit Beruhigungs- und Schmerzmitteln eine Angiographie der Bauchgefäße durchstehen sollte. Hier war meine Mitarbeit gefragt, ich sollte nämlich im entscheidenden Moment die Luft anhalten und mich trotz Schmerzen und seltsamer Sensationen durch das Kontrastmittel nicht bewegen. Das Gefühl für meinen Körper hatte ich verloren. Ich fühlte mich auf diesem Tisch wie eine Masse und ich weiß noch genau den Moment, in dem ich fast wieder aus mir herausgetreten wäre. Genau da geschah etwas Unerwartetes: Mein behandelnder Arzt, welcher der Untersuchung im Hintergrund zusah um die aktuelle Situation mit zu verfolgen, legte seine Hand auf meinen Kopf. Durch den Gegendruck konnte ich in meinem Körper bleiben. Es war wie ein ‚Halt! Hier geblieben!' Ich war voll konzentriert und konnte den üblen Rest der Untersuchung

noch mitmachen. In meiner Bewertung kam mir das ‚Hand-Anlegen' als der rettende Moment vor. Kein Medikament der Welt hätte das geschafft. Eine gigantische Vorstellung, gemessen an der Winzigkeit der Handlung. In einem späteren Gespräch erzählte mir mein Arzt, dass er gespürt hatte, wie schlecht es um mich stand und er das Bedürfnis verspürte mich auf diese Weise zu beruhigen. Dass ich kurz davor war meinen Körper zu verlassen habe er nicht wahrnehmen können."

Dann kam es aber im Gefolge einer Computertomographieuntersuchung noch einmal zu einem nicht angehaltenen Außerkörpererlebnis:

„Am Ende der Untersuchung bekam ich einen starken Hustenreiz. Der Arzt befürchtete eine Allergie auf das Kontrastmittel und spritzte mir ein Gegenmittel, was mich sehr schläfrig machte. Ich lag zum Nachruhen auf einer rollbaren Trage, aus Platzgründen auf dem Flur, vor den Kabinen und konnte meinen ‚Rausch' ausschlafen. Immer wieder kam eine Schwester, um nach mir zu sehen. Plötzlich war ich nicht mehr ansprechbar, was zu großer Hektik führte. Ich wurde schnell zur nahegelegenen Notaufnahme der Inneren Abteilung gerollt. Diesen Weg verfolgte ich außerhalb von mir. Ich schwebte wieder über mir und sah auf mich und die anderen Personen herunter, wieder eingehüllt in dem hellen, wunderbaren Licht. Ich weiß noch gut, dass ich mir immer wieder sagte, dass ich mich beeilen muss und auch eine gewisse Sorge verspürte, meinem Körper hinterherzukommen, denn die Personen im weißen Kittel hatten es sehr eilig. Trotzdem fand ich meine Lage auch amüsant und kam mir in meinem leichten und zeitlosen Zustand sehr gelassen und herrlich entspannt vor. Dann wurde mir Blut abgenommen und in die Augen geleuchtet. Plötzlich hörte ich eine weibliche Stimme, die sagte: ‚Eben reagiert sie wieder. Sie ist wieder da.' Ich schaute mich um und hatte ein Ding am Finger klemmen."

Erst nach längerer Zeit fand Sabine Mehne Menschen, mit denen sie ihre Erfahrungen bereden und aufarbeiten konnte. Auch grundlegende medizinische und spirituelle Fragen gehörten dazu. Sie fasst ihre Erklärungen, Bewertungen und die Veränderungen, die sie festgestellt hat, wie folgt zusammen:

„Erstaunlich ist für mich, dass ich lange keine Worte finden konnte, um all das zu erzählen. Ich war geplagt von der Sehnsucht wieder in dieses Licht und und in diese Schwerelosigkeit und Freiheit einzutauchen. Ich verknüpfte diesen Wunsch mit einer Art Todessehnsucht, weil mir der Tod nicht mehr angsterregend erschien. Ich hockte stundenlang herum, starrte zum Himmel, dem fühlte ich mich näher als der Erde und dachte an den Tod. Für meinen Mann und die Kinder war das sehr beängstigend. Es tut mir heute noch leid, aber ich konnte nicht anders.

Ich hatte tatsächlich phasenweise den Eindruck verrückt geworden zu sein, aber ich wagte niemandem davon zu erzählen. Das war zum damaligen Zeitpunkt sicher auch genau das Richtige. Meine Erlebnisse ver-rückten tatsächlich alles bisher Erlebte. Hinzufügen möchte ich noch, dass ich auch damit beschäftigt war den ‚Horror‘, der durch die Behandlung monatelang auf mich einwirkte, zu vergessen. Ich war tief traumatisiert.

Ich behaupte, dass ich genau unterscheiden kann zwischen den Nahtoderfahrungen, einer Halluzination (die hatte ich ab und zu während der Hochdosischemotherapie), einem trance-ähnlichen Zustand oder einem Traum. Eine Nahtoderfahrung ist mit einer so starken Erfahrung verbunden, dass ich mir vorstellen kann, man stirbt, wenn man nicht mehr zurückfindet. Mir kommt es tatsächlich so vor, als wäre ich in eine andere Welt, die Welt der Seligkeit, eingetaucht. Die Angst vor dem Tod ist weniger geworden, jedoch die Angst vorm eigenen Sterben, körperlichem Leiden und Untersuchungen oder Operationen ist stärker geworden. Die Folgeschäden der Behandlung haben meine leibliche Hülle verändert. Sie schränkt mich immer wieder ein, ich kenne aber das Gefühl schwerelos, frei und ohne Körper zu sein. Manchmal habe ich noch Wut auf diesen Körper, auf den Umstand, dass ich ihn nicht einfach ablegen kann. Gleichzeitig habe ich große Angst, dass mir das ‚Aus-dem-Körper-sein‘ wieder passieren könnte; in Situationen, in denen ich voll da sein muss. So vermeide ich das Autofahren, wann immer ich kann.

Immer wieder fühle ich, dass mein Gehirn seitdem anders funktioniert, als wäre es neu konfiguriert worden. Neue Bereiche sind erschlossen worden, andere, unwichtigere dafür überschrieben oder gelöscht. Ich kann in einer Schnelligkeit denken, die mir manchmal selbst Angst macht, auf drei und mehr Ebenen gleichzeitig. Bildhaftes Denken geht ähnlich flott, wie das Abspulen des Lebensfilms. Leider kann ich immer nur eines nach dem andern erzählen, so dass es passiert, dass ich zu Stottern beginne oder massive Wortfindungsstörungen habe. Peinlich sind meine Gedächtnislücken, Löcher in meiner Biografie. Ich treffe Menschen, die sich freuen mich zu sehen, und ich weiß nicht mehr, wer sie sind. Durch erzählen kann ich den ‚Filmriss' dann meistens flicken, aber das Erlebte bleibt fern. Meinen Körper kann ich intensiver im Raum wahrnehmen. Es macht mir keine Schwierigkeiten mich mit jemand zu unterhalten und die ganze Situation von oben zu betrachten. Die Neukonfiguration hat auch zur Folge, dass mein natürlicher Filter von Außenreizen regelrecht kaputt gegangen sein muss. Ich fühle mich oft überschwemmt von den Massen an Umweltreizen, z. B. tut mir laute Musik körperlich weh.

Zu den neu erschlossenen Bereichen zähle ich auch die Tatsache, dass sich die Intensität der Wahrnehmung von Gefühlen stark verändert hat, z. B. Gefühle des Glücks, der Liebe, der Trauer, des Verbundenseins mit etwas oder jemandem, und am schönsten ist das Gefühl lebendig zu sein. Es ist aber auch die Fähigkeit spüren zu können, was andere empfinden, auch wenn sie nicht darüber sprechen. Manchmal spüre ich schon, was jemand sagen wird oder für ihn in der Zukunft ansteht.

Dann ist da noch die Sache mit Gott. Wie soll ich das beschreiben? Mein Glauben ist gewachsen, obwohl ich den Begriff Gott für zu klein halte und ihn nicht so gerne ausspreche. Wie lässt sich die Größe, die jede Grenze aufhebt, nur in Worte kleiden? Ich schweige lieber und fühle sie in mir. Leider fühle ich mich in der Kirche nicht mehr zu Hause, obwohl ich Kirchen liebe, es sind für mich heilige Orte. Meine Spiritualität *sucht nach anderen Formen, die ich noch nicht gefunden habe, aber ich kann das mittlerweile aushalten. Religion betrachte ich skeptisch, weil ich finde, dass sie den Menschen mehr einengt als befreit.*

Vor dem Tod fürchte ich mich nicht, im Gegenteil, ich verstehe ihn als Übergang in eine neue Dimension, sowohl für mich als auch für die anderen. Auch wenn ich das Licht in mir spüren kann, zerrt diese Sehnsucht an mir, denn ganz in ihm aufzugehen ist noch etwas anderes, als es in sich zu fühlen. Es gibt Tage an denen könnte ich vor Sehnsucht vergehen, dann helfe ich mir, indem ich bewusst irdische Dinge tue und auskoste im Tun ein Teil des Ganzen zu sein. Ich wünsche mir, nach all den Strapazen der letzten 10 Jahre, dass ich keine weitere Nahtoderfahrung mehr erleben muss. Ich möchte es mir aufheben für mein großes Finale, wann immer es sein wird.

Eines weiß ich ganz sicher: diese Erlebnisse haben mich verwandelt. In jeder Zelle meines Körpers sind sie eingebrannt und sie begleiten mich auf Schritt und Tritt. Ich fühle das Licht in mir und zwar immer und überall. Ich fühle mich immer und überall in eine größere Dimension eingebunden und kann daraus eine Stärkung und Liebe fühlen, die mein Leben beglückt und auf die ich nicht mehr verzichten möchte.

Blicke ich heute zurück, dann wurde mein Leben immer wieder von diesen tiefen Erlebnissen gesteuert und zum Guten gewendet. Das Gefühl ein Pendler zwischen zwei Welten zu sein, ist mir zur zweiten Identität geworden.[2]

2. Mein Wesen hat sich verändert

In der Nacht vom 1. auf den 2. März 2004 erlebte Susanne Dörner, Enddreißigerin und wohnhaft in der Nähe von Bremen, eine unerwartete „Reise":

„Ich war nach drei Tagen und Nächten mit hohem Fieber quasi gar gekocht und hatte nur noch ganz wenig Kraft in mir. In der vierten Nacht mit weiterhin sehr starken Schmerzen im gesamten Körper ging meine Kraft gegen null und ich sagte mir,

ok, dann ist es jetzt eben so weit. Ich begann los zu lassen, den dünnen Faden, der mich noch mit dem Leben auf der Erde verband. Sämtliche Angst wich hinfort, eine wohlige, wunderbare Wärme umgab mich und ich glitt, meinen Körper verlassend, in einen dunklen warmen weichen Tunnel hinab in einem sanften Bogen nach unten. Sämtliche Schmerzen waren nicht mehr vorhanden, statt dessen ein ganz angenehmes wohliges Gefühl der Wärme, welches ich noch nie zuvor gekannt habe. Es befand sich so viel Liebe darin, dass ich es nicht beschreiben kann.

Während ich in dem Tunnel oder Schlauch nach unten glitt, hatte mein Körper eine schemenhafte Form, die von einem/r violett/pink farbenen Flimmern/Aura umgeben war. Des weiteren führte in der gleichen Farbe eine hauchdünne schwach flimmernde Leine von meinem Körper zu dem Ende des Schlauches, an dem ich hineingeglitten war. Ich bewegte mich auf den tiefsten Punkt des Schlauches zu, der nach diesem Punkt wieder aufwärts führte. Ich war wahnsinnig gespannt auf die andere Seite. Denn irgendwo dort wartete ein Licht auf mich. Währenddessen war ich voller Frieden und Wärme ohne jegliche Angst, Sorgen und Schmerzen.

Dann geschah etwas, was ich nicht wollte und worüber ich mich bis heute ärgern kann. Ich hörte die Stimme meiner damaligen Partnerin, mit dem einen Wort ‚Bleib‘. Ab da begann ein schwerer Kampf in mir. Ich überlegte hin und her. Hielt inne im Gleiten und fühlte mich gar nicht wohl, mit einer solchen Entscheidung konfrontiert zu sein. Ich war eigentlich so weit zu sagen, nein, ich komme nicht wieder. Dieses ‚Bleib‘ war ja kein Befehl dem ich Folge hätte leisten müssen und doch wirkte es so.

Die Entscheidung, die ich dann traf, finde ich bis heute ärgerlich. Denn ich entschied mich nicht für mich und mein Leben noch einmal zurückzukehren, sondern deswegen, weil andere Menschen es vielleicht schwer haben würden und traurig sein würden, wenn sie mich nicht mehr auf der Erde treffen würden. Ihnen ‚zu Liebe‘ entschied ich mich zur Rückkehr. Was dann folgte war eine wahnsinnige Anstrengung um den

Rückweg anzutreten. Mehrmals war ich wieder an dem Punkt vollkommen loszulassen, weil meine Kraft nicht mehr ausreichte. Das ärgerliche für mich ist, dass ich mich nicht für mich, sondern für andere entschied. Hätte ich bewusst zu mir und zu einem neuen Leben ja gesagt, dann wäre ich damit zufrieden gewesen. Aber ‚nur‘ für andere zurückzukehren und mich dabei außer acht zu lassen, habe ich im Nachhinein bedauert.

Als ich dann wieder mit einer ‚affenartigen‘ Geschwindigkeit durch den Schlauch zurückglitt, landete ich mit voller Wucht in meinem Körper und hatte sofort wieder diese wahnsinnigen Schmerzen. Irgendwie kam der nächste Morgen, ein Arzt kam und überwies mich sofort ins Krankenhaus, wo eine fortgeschrittene Lungenentzündung festgestellt wurde. Es dauerte ca. 7 Wochen, bis ich einigermaßen wieder auf den Beinen war.

Danach kam der Teil, der mich bis heute beschäftigt und warum ich nach Gesprächskontakten suche. Ich bin nicht mehr die Alte und das haben andere auch schon bemerkt. Sie beschreiben, dass ich so weit weg bin. Ich selbst merke, dass sich mein Wesen verändert hat. Ich sehe die Dinge nun anders an, aber ich kann es immer noch nicht richtig zuordnen. Habe ja schon gehört, dass das mitunter Jahre dauern kann. Aber was mache ich nun hier, nachdem ich wieder auf der Erde bin? Die Dinge sind dieselben, die Straßen, die ich fahre, die Menschen, denen ich begegne und doch ist alles anders. Ich fühle mich wie auf die Erde zurückgeworfen. Flupp und da bin ich wieder, aber in einer anderen Wahrnehmungs- und Zeitempfindungdimension. Gerne würde ich einfach leben und arbeiten, aber das geht nur begrenzt, denn diese Fragezeichen tauchen immer wieder auf. Besonders dann, wenn ein wenig Leerlauf ist und das Tun nicht allzusehr drängt.

Es ist aber auch nichts mehr wie es war, egal wohin ich mich begebe oder versuche mich hinein- oder rückzuversetzen. Eine Frage, die mir immer wieder in den Kopf kommt, ist: ‚Was machen wir hier auf der Erde für einen Unsinn?‘ Wirtschaft, Geldkreisläufe, fossile Energieträger verbrennen, einander Gewalt antun, merkwürdige Brauchtümer pflegen um uns Anlässe zum gemeinschaftlichen Betrinken zu schaffen usf. Vieles kommt mir wirklich mittlerweile aberwitzig vor.

Bei alledem bemerke ich, dass ich nicht mehr so leicht verletzbar bin wie früher. Wenn mich ein Mensch anblafft, dann denke ich, dass er wohl einen schlechten Tag hat. Nicht aber, wie bisher, dass ich dafür verantwortlich bin, dass es ihm schlecht geht oder ich diejenige bin, die ihn verärgert hat. Das ist eine ganz positive Wendung in diesem zweiten Leben hier."

Bemerkenswert ist das „ärgerlich, aber ich nehme Rücksicht", das Susanne Dörner zur Rückkehr bewegte und vor allem anfangs eine zwiespältige Haltung zum Leben erzeugte. Inzwischen haben ihr vor allem Gespräche mit einer Betroffenen, die ähnliche Erfahrungen kennt, geholfen, mit dem „zweiten Leben" besser zurecht zu kommen und dessen Andersartigkeit gelassener hinzunehmen. *„Die Fremdheit regt, positiv betrachtet, auch zum Schmunzeln an".*

Und auf meine Frage nach dem Ewigkeitsbezug des Lebens schreibt sie: *„Durch die Nahtoderfahrung ist es sehr klar, dass das Leben nur in gewisser Weise endlich ist, nämlich bezogen auf die Zeit, die die Seele den derzeitigen Körper bewohnt. Wenn sie dann auszieht, bzw. umzieht, dann ist dieser Teil des Lebens in dieser Dimension beendet. Aber eben nur dieser Teil. Ich finde es sehr beruhigend, darüber Gewissheit zu haben."*

Ende 2005 fügt Frau Dörner noch folgenden Rückblick hinzu:

„Mittlerweile, es sind nun 1 Jahr und 10 Monate seit dem Nahtoderlebnis vergangen, kann ich sagen, daß das Leben hier wieder eine Perspektive und Aufgabe für mich enthält, ich mich mit dem neuerlichen Start hier auf der Erde angefreundet habe und die Interessantheit der Lebensgestaltung entdecke. In jedem Fall hat das Erleben einen distanzierten und betrachtenden Charakter bekommen. Das Leben wirkt besser gestaltbar, als zuvor.

Mittlerweile bin ich über die Entscheidung an sich, zurückzukehren, nicht mehr ärgerlich, sondern sehe einen kausalen Zusammenhang zwischen der Entscheidungsmotivation derzeit und meiner jetzigen Möglichkeit, das Leben zu gestalten.

Derzeit entschied ich mich wegen anderen Menschen zurückzukehren und ließ mich dabei außer acht. Jetzt kann ich mein Leben dergestalt betrachten, daß ich schaue, wie ich mit mir im Reinen sein und dann anderen wiederum gelassener begegnen kann. Es ist ein Lernprozeß, der allerdings recht zügig voranschreitet, was mich bisweilen erstaunt.

Jedoch sage ich mir auch: ‚Das hab ich mir verdient! Das bin ich mir wert!‘.

Einige wesentliche Veränderungen bei mir sind:

Wirklich laute Geräusche kann ich nicht mehr ertragen.

Auch Musik, die ich früher laut hörte, kann ich nur noch in max. 2/3 der damaligen Lautstärke angenehm hören und das auch nur für kurze Zeit, also 1 Titel.

Menschen kommen nicht mehr so dicht an mich heran, ich bin nicht mehr so verletzbar.

Das Reaktionsvermögen ist deutlich angestiegen.

Gelassenheit und volle Wahrnehmung auch in brenzligen Situationen (z.B. Straßenverkehr)

Mehr Bewusstheit über und während meine/r Handlungen.“

3. Geliebt und geborgen

„Im Alter von 6 Jahren“, schreibt Günter Düthorn aus Fürth, Jahrgang 1939, *„lag ich mit annähernd 42° Fieber im Bett. Es war Kriegszeit und die Wohnung lag in der Nähe einer Flugzeugfabrik. Obwohl Fliegeralarm gegeben war, wollte mich meine Mutter nicht in den kalten Luftschutzkeller bringen. Eine 5-Zentner-Bombe schlug in das Haus ein. Den Zünder hat es am Dachfirst abgerissen, aber die Bombe ist bis unter die Kellergewölbe in das Haus hinabgestürzt. Das Benzin-Kautschuk-Phosphor-Gemisch wurde nach der Explosion der Bombe an den Seiten des durch den Einschlag entstandenen ‚Kamins‘ verspritzt (und entzündete sich nicht). Ich habe die*

giftigen Dämpfe eingeatmet und wurde nach der Aussage meiner Mutter blau-violett im Gesicht.

Nachdem der Luftangriff vorüber war, brachten mich Nachbarn in einem Wäschekorb in das nächste Krankenhaus, da die Straßen zum Teil zerstört waren. Für Augenblicke kam ich zum Bewusstsein. Bei dem Angriff auf die Flugzeugfabrik gab es viele Tote und Schwerverletzte. Die Sanitäter versprachen, mich bei der nächsten Gelegenheit in die Kinderklinik zu bringen. Aber in der Turbulenz der Stunde haben sie mich, bei minus 28° in der offenen Vorhalle der Klinik, für einige Zeit total vergessen. Als ich später in der Kinderklinik eingeliefert wurde, war ich steifgefroren. Unter einem Sauerstoffzelt wurde ich sozusagen aufgebaut und beatmet.

Hier setzt mein wundersames Erlebnis an. Ich wußte nicht, ob ich träumte oder was da mit mir vorging. Ich lag unter besagtem Sauerstoffzelt und schwebte plötzlich links oben im Zimmer an die Decke. Ärzte und Schwestern waren sich, wie ich beobachten konnte, über das Vorgehen anscheinend nicht einig. Es wurde eine Wanne mit Wasser gebracht und wieder weggetragen, auch Tücher und ein Frottierhandtuch. An den Sauerstoffflaschen, welche neben dem über dem Bett gestülpten Zelt standen, wurde an der Amatur hantiert und verstellt. Es war wie in einem Film, obwohl ich damals noch keinen gesehen hatte. Plötzlich schwebte ich durch eine grau-schwarze Wolke, an derem Ende es auf einmal heller und heller wurde. Ich schwebte in einem von unaussprechlich schönen Weiß durchfluteten Raum. Er war anscheinend unendlich, denn es gab weder Wände noch Boden noch Decke. Obwohl alles weiß in weiß war, konnte ich eine große, weiße Gestalt erkennen, welche sich mir liebevoll näherte. Wir haben uns unterhalten, ohne dass Worte nötig waren. Es war wie Gedankenübertragung. Ich fühlte mich geliebt und geborgen, angenommen, rundum glücklich. Plötzlich war ich wieder in der Wolke und es ging rückwärts an meinen Platz an der Zimmerdecke. (Irgendwo dazwischen sah ich Ereignisse meines Lebens wie in Standaufnahmen). Das emsige, geschäftige Treiben war immer noch zu sehen.

Auf einmal war ich wieder in meinem Körper und mir war sehr kalt. Kurz darauf bin ich eingeschlafen. "

Die bekannten „Bausteine" von Nahtoderlebnissen wie Außerkörpererfahrung, Tunnel, Lichtvision, Begegnung mit einer Lichtgestalt, Lebensfilm kommen in dieser Erfahrung eines sechsjährigen Jungen alle vor, wenn man nur „Tunnel" durch „grauschwarze Wolke" ersetzt. Ungewöhnlich ist, daß sich , sozusagen auf dem „Rückweg", das Außerkörpererlebnis noch einmal einstellt. Läge das Geschehen nicht so lange zurück, man könnte versuchen, Ärzte und Schwestern, die damals bei der Wiederbelebung von Günter mitgewirkt haben, ausfindig zu machen und nach Einzelheiten zu befragen.

4. Gedankenaustausch ohne Worte

Günter Düthorn berichtet weiter: „*Im Alter von zwölfeinhalb Jahren hatte ich einen Unfall mit dem Fahrrad. Beim Überholen eines Traktors, welcher ein Kinderkarussell in die Stadt zog, bin ich mit beiden Rädern meines Rades in eine Rille der Straßenbahnschine gerutscht. Durch die plötzliche Abbremsung bin ich mitsamt dem Fahhrad vor die Räder des Traktors gestürzt. Da ich das Fahrzeug von hinten überholt hatte, bemerkte mich der Fahrer erst, als er mit beiden Rädern des Traktors über mich hinweggefahren war. Der Traktor hatte ein Eigengewicht von 75 Zentnern und ist über mein Becken gerollt. Der Tatsache, dass der ‚Gesundheitslenker' des Fahrrades über mir lag, verdanke ich es, daß es nur Quetschungen und Platzwunden gab. Man hat mich mit dem Fahrrad zwischen Zugmaschine und Karussell herausgezogen und mich in den Pausenraum eines nahegelegenen Obst- und Gemüsegeschäftes gebracht. Dort verlor ich für einige Zeit das Bewusstsein. Nach ‚einiger Zeit' schwebte ich in die linke obere Ecke des Raumes. Ich sah mich blutverschmiert in einer Decke auf einem alten Sofa liegen. Zu meinem großen Kummer war mein 2-Meter-Klappmetermaß aus Metall wie ein Blatt Papier zer-*

*knüllt. Eine Verkäuferin versuchte, die nachdrängenden, neu-
gierigen Schulkinder aus dem Raum zu weisen. Der Notarzt
erschien mit seinem Koffer und ich sah, wie eine Infusion
angelegt wurde. Auf einmal schwebte ich wie durch einen
langen dunklen Tunnel. Am Ende desselben wurde es zuse-
hends heller und ich gelangte in den mir schon bekannten
unendlichen, weißen Raum. Mir begegnete eine große, weiße,
Güte ausstrahlende Gestalt. Ohne den Gebrauch von Worten
war ein Dialog möglich. In meinem Inneren war ich gewiss,
das muss der Christus sein, obwohl ich nicht zu fragen wagte.
Er strahlte so viel Liebe und Zuwendung aus, dass ich vor
Glück und Wohlbefinden glaubte, bersten zu müssen. Später
traten noch andere Geist-Lichtwesen dazu, welche in ihrer
Intensität nicht so stark waren. Auch mit ihnen war ein Ge-
dankenaustausch ohne Worte möglich. Wie in einem Film sah
ich viele wichtige Stationen meines Lebens vor mir. Parallel zu
den Bild-Ereignissen erlebte ich die ‚moralische Wertung' derselben, weniger nach gut und böse, sondern nach dem, was sie
an Leid und Freude bei anderen ausgelöst haben. Eines der
Bilder konnte ich nach vielen Jahren auf einer Photographie
aus meiner frühen Kindheit bis ins Detail wiedererkennen.
Einerseits erlebte ich Bild nach Bild, dennoch waren sie alle
gleichzeitig da. Es gab weder Raum noch Zeit. Auf einmal
glaubte ich, den Bauplan des Universums zu wissen, vor dem
‚Urknall', bis in die kleinste Zelle. Da der Begriff Zeit nicht
existierte, kann ich nicht sagen, wann ich wieder durch den
Tunnel zurück in meinen Körper gefahren bin. Ich weiß nur
noch, dass mir alle Knochen wehgetan haben und ich Notarzt
und Sanitäter zu überzeugen suchte, meinen Eltern von dem
Unfall nichts zu sagen, weil sie sonst furchtbar Angst haben
würden. Man hat mir versichert, dass alles gut werden wird
und ich habe die Fahrt und die Notaufnahme in der Klinik
dann bei vollem Bewusstsein erlebt."* Nachträglich erwähnt
Günter noch, daß er offensichtlich in dem Obstgeschäft den
Geruch von Muskatellertrauben aufgenommen hat; denn
jedesmal, wenn er diesen Geruch spürt, denkt er an sein
damaliges Erlebnis.

Wieder finden wir hier die Bausteine „Außerkörpererlebnis", „Tunnel", „Lichtvision", „Lichtgestalt" und, dieses Mal in ausgeprägter Form, den „Lebensfilm". Auch ein Gefühl des „Allwissens" wie der Kosmos gebaut ist, kommt hinzu. Der „Urknall" dürfte eine nachträgliche Interpretation sein, denn die Urknalltheorie existierte zwar Anfang der fünfziger Jahre schon, war aber damals kaum bekannt. Dass auch die Identifikation der Lichtgestalt mit Christus einen subjektiven Eindruck darstellt, bringt Günter in seinem Bericht selbst zum Ausdruck. Auf Rückfrage hin hat er hinsichtlich der übrigen Lichtwesen hinzugefügt, er sei sich *„zweifelsfrei sicher, daß eines der Lichtwesen meine verstorbene leibliche Mutter war"*. Das stimmt wiederum mit der allgemeinen Beobachtung überein, dass in der Lichtvision eines Nahtodelebnisses ausnahmslos Personen wahrgenommen werden, die bereits verstorben sind.

5. Wie Wachs im heißen Wüstensand

Noch ein weiteres Außerkörpererlebnis hatte Günter Düthorn im Alter von etwa 40 Jahren, nachdem er sich, aufgrund von berufsbedingten Problemen mit der Wirbelsäule, zum Erlernen des autogenen Trainings durchgerungen hatte. *„Aus Erfahrungen von tiefer Meditation und Kontemplation war mir der Einstieg sehr leicht. In der zweiten Übungsstunde, in welcher das Erlernen des Schweregefühls eingeübt wird, erlebte ich eine mich beunruhigende Erfahrung, welche ich nach Beendigung der Einheit auch der Kursleiterin berichtete. Gleich zu Beginn der Übung hatte ich das Gefühl, dass meine Beine den 2- bis 3-fachen Umfang annehmen und ich wie Wachs im heißen Wüstensand auseinanderlaufe. Auf einmal sah ich mich als Geist-Wesen oben links im Raum schwebend, auf mich, die Übungsleiterin und die anderen Teilnehmer unten im Raum herabschauen. Da der Übungsraum L-förmig war und ich am Ende des langen Teils lag, war es für mich verwunderlich, dass ich auch um die Ecke bzw.*

durch die Wände hindurchschauen konnte. Obwohl von der Optik nicht einsehbar, war für mich zu sehen, wer seine Füße an der Heizung hatte, wer schnarchte oder auch wie verquer die einzelnen im Raum lagen. Danach löste sich mein Körper auf und Hände, Arme Kopf, Fuß, Beine, Rumpf schwebten jeder für sich über dem Gebäude. Sozusagen als Über-Über-Ich blickte ich aus noch höherer Warte auf die ganze Szene, die Körperteile in der Luft, auf mich und die Menschen im Übungsraum. Ich selbst lag friedlich mit halboffenem Mund auf meiner Unterlage. Aber nun sah ich auch die Autos, Sanitärfahrzeuge, Fahrräder und allerlei anderes unter und hinter dem Gebäude, welches in Ebenen am Hause gebaut war. Da ich zur Veranstaltung durch den Haupteingang gekommen war, konnte ich unmöglich die kreuz- und querstehenden Fahrzeuge auf der hinteren und unteren Ebene gesehen haben. Nach Beendigung der Veranstaltung bin ich um das Gebäude gelaufen und habe alles so vorgefunden, wie in meiner ‚Überschau‘ gesehen, bis hin zu den Nummernschildern. Selbst Fahrzeuge, welche unter der Betonparkfläche standen, die zum Teil über dem darunter liegenden Platz gebaut war, standen so, wie ich sie gesehen hatte.“

Auch hier wäre es wünschenswert, könnte man mit Hilfe von Zeugen ein wenig „Objektivierung" betreiben. Wie sollte aber der Betroffene darauf kommen, an Ort und Stelle sich seine Wahrnehmungen bezeugen zu lassen? Auf meine Rückfrage nach irgendwelchen Anhaltspunkten schreibt Günter Düthorn: *„Der Kursleiterin bzw. den Teilnehmern des Kurses habe ich zwar von meinen ‚inneren Bildern‘ berichtet, aber von der Übereinstimmung der anschließend bestätigten Autokennzeichen war ich selbst so überrascht, dass ich diese Tatsache für mich behalten habe, weil ich es selbst kaum fassen konnte. Außerdem war meine Befürchtung, dass man mich für nicht ganz richtig im Kopf eingestuft hätte oder auf einen Sockel gestellt, wo ich nicht hingehöre ...“*

Bemerkenswert ist schließlich die Aufteilung des „Körpers" in getrennt schwebende Teile; ein ähnlicher Bericht ist mir bisher nicht begegnet. Die Loslösung vom physischen

Körper wird also wie eine Art zweistufige Rakete erlebt, die ein Zwischenstück absprengt. Das zeigt, wie vorsichtig man sein muß, das Erlebte allzu konkret zu deuten. Immerhin bleibt der „Blick" des „Über-Über-Ich" auf den friedlich, mit halboffenem Mund daliegenden Körper. Reale Wahrnehmung und traumhaftes Erleben können gleichzeitig und ineinander verwoben auftreten, wie man aus bestimmten Arten von Träumen und aus der Somnambulie weiß. Die Frage, die wir noch weiter verfolgen werden, ist die, was „reale Wahrnehmung" im Außerkörpererlebnis bedeutet.

6. Im Wald ein diamantartiges Licht

Erika Herman, in ihren Siebzigern, Künstlerin, schildert zuerst ein kurzes Außerkörpererlebnis und dann eine intensive Lichtbegegnung. Eine „religiöse Wende" bewirkte jedoch nicht ihre eigene Erfahrung, sondern das Sterbeerlebnis ihres Mannes:

„Dass man sich mit vollem Bewusstsein außerhalb seines Körpers befinden kann, weiß ich schon seit meinem 6ten Lebensjahr. Damals starb meine bisher völlig gesunde Großmutter einen Herztod, und ich war dabei, als meine Mutter sie fand. Ihr Aufschrei ließ mich buchstäblich ,aus der Haut fahren'! Ich befand mich linksseitig, auf halber Höhe über mir, und ich sah (durch die Wand?? denn ich fürchtete mich und war vor der Eingangstür geblieben) meine Mutter vor dem Bett meiner toten Großmutter auf den Knien liegen. Wie lange ich mich außerhalb meines Körpers befand und wie ich wieder hineinkam, weiß ich nicht. Interessant ist auch, dass meine 3 Jahre ältere Schwester den Tod meiner Großmutter in derselben Nacht geträumt hatte!

Meine 2. Erfahrung machte ich etwa 1973. Damals befand ich mich durch Fehldiagnose und entsprechende Behandlung durch Ärzte im Endstadium eines Myxödems und hatte mit meinem Leben abgeschlossen. Wie täglich schleppte ich mich mit unseren zwei Bulldoggen zu unserer Runde durch den

Wald, als ich mich plötzlich in einem anderen Bewusstseinszustand befand. Es war ein unbeschreibliches Glücksgefühl von Frieden, Harmonie und Einssein mit der gesamten Schöpfung; dabei hatte ich ein umfangendes Wissen um und über alles, wusste einfach alles, ganz einfach nicht zu beschreiben. Über mir strahlte, glänzte, leuchtete es bläulich, prismenartig wie ein Diamant. Blitzartig wie diese ‚Erleuchtung‘ kam, war sie vorüber, und ich versuchte mit aller Kraft, dieses ‚Allwissen‘ festzuhalten, um es zu überdenken. Aber wie ein Traum, den man morgens festhalten möchte, entschwand mir alles, nur sehnsüchtige Erinnerung blieb. Da ich diesen Zustand mit meiner Krankheit in Verbindung brachte, das Ganze sowieso nicht zu beschreiben oder gar nachzuvollziehen war, sprach ich mit niemandem darüber, auch nicht mit meinem vor 6 Jahren an einem Lungenkarzinom verstorbenen Mann, was ich heute sehr bedaure.

Meine damals gemachte Erfahrung hatte keinerlei Einfluss auf meine damalige religiöse Weltanschauung. Streng protestantisch erzogen, meinen Kinderglauben längst verloren, hielt ich bald nicht mehr sehr viel von GOTTES ‚Ebenbildern!‘, die die Erde krebsvergleichend zerstören und sich ausbeuterisch als ‚Krone der Schöpfung‘ sie ‚untertan!‘ machen. Dieser von der Kanzel gepredigte liebende, barmherzige Gott erschafft seelenlose, aber Schmerz, Trauer, Freude empfindende Mitgeschöpfe, deren einziger Existenzzweck darin besteht, von uns benutzt und verbraucht zu werden? Aus dieser Kirche trat ich unter Protest Anfang 1970 aus.

Mein Mann starb nach kurzer, schwerer Krankheit einen mit schön zu bezeichnenden Tod, einem Ausdruck von Staunen im Blick und einem leisen Lächeln in den Mundwinkeln ging er hinüber; heute weiß ich, was er erblickte!

Meines Mannes Hinübergehen und ‚Hilfe aus dem Jenseits‘ gaben mir meinen Glauben an einen Gott der Liebe zurück, und ich sehe meinem eigenen Tod gelassen und erwartungsvoll entgegen. Ich weiß, dass mich mein geliebter Mann im Kreis all unserer schon hinübergegangenen Tierseelen erwartet!“

7. Ich hatte Ballett so sehr gemocht

Christine de Graat, geborene Französin und in Bayern verheiratet, war in der Nacht nach einer schweren Kaiserschnitt-Geburt nahe am Verbluten. Alleingelassen hatte sie Herzstillstand und Atemstillstand, merkte noch, wie die Luftnot in ihren Kopf stieg und alles rot vor ihren Augen wurde. Sie schreibt:

„Als ich gar nicht mehr denken konnte, nur leiden und wahrscheinlich aussah wie ein Fisch auf dem Trockenen, verließ ich meinen Körper. Ich stand jetzt am Kopfende meines Bettes und atmete auf. Ich war einfach erstaunt. Das seltsame ,Ausleiben' hatte vielleicht nur eine Sekunde gedauert und sich wie das Ausziehen eines engen Kleides über den Kopf angefühlt.

Freies Ein- und Ausatmen war seit dem letzten Morgen reiner Luxus und ich hatte das Ersticken nicht gerade genossen. Jetzt war alles friedlich und ich fühlte mich einfach wohl. Obwohl ich nicht verstand, was passiert war, genoss ich die Stille und die Schmerzlosigkeit.

Es fiel mir zuerst nichts Besonderes auf, als ich ganz langsam begann, nach rechts zu schweben. Ich wurde einfach ohne mein Zutun in die Luft getrieben, wie ein heliumgefüllter Ballon. Ich schwebte über dem kleinen Nachttisch, dann an der Wand entlang fast bis zur Tür und merkte dabei, daß mein Körper – oder ,ich' – auf dem Bett lag. Ich lachte ein wenig und dachte: ,Das ist doch der Unsinn, den sie in der Kirche erzählen!' Ich fühlte mich nämlich wie eine Seele, die von ihrem Körper getrennt ist. Es entsprach genau dem Gerede der Priester meiner Schulzeit. Ich hatte es nie geglaubt. Bis zu diesem Tag empfand und verstand ich mich immer als Einheit und hatte mir nie Gedanken über ,Leib und Seele' gemacht.

Und jetzt – was für eine Überraschung! – gab es mich einmal unten im Bett und einmal oben unter der Decke. Ich achtete darauf, nicht zu sehr nach hinten zu schweben, denn ich fürchtete fast, durch die Wand zu gehen. Ich war nämlich fast durchsichtig.

Wie sah ich denn überhaupt aus? Ich war vielleicht nur noch einen Meter groß, weißlich wie eine kleine Wolke und fluoreszierend wie eine Nachtlampe. Ich fühlte alle meine Körperteile, nur meine Beine schienen ein wenig unvollständig zu sein. Das heißt, sie waren sowieso bedeckt durch ein perfekt fallendes weißes ‚Kleid‘ aus Licht oder leichtem Stoff. Wie Chiffon, dessen unnachahmlichen Fall ich durch Tanzen nicht in Unordnung bringen wolle. Aber ich bewegte mich trotzdem etwas nach hinten und vorn, kam mir vor wie eine Sylphide und fand dies extrem erheiternd. Ich hatte immer Ballett so sehr gemocht – und jetzt besaß ich die ideale Leichtigkeit, die meiner eher erdgebundenen Figur früher leider gefehlt hatte. So dachte ich: ‚Wenn ich das meinen früheren Ballettfreundinnen erzählen werde, werden sie mir nicht glauben!‘

Faszinierend fand ich zudem, dass mein dicker schwangerer Bauch verschwunden war. Keine Spur mehr davon, keine Wölbung. Es war einfach toll.

Ich merkte aber auch, dass ich ganz anders denken konnte. War mein Körper leicht und frei, so waren es meine Gedanken ebenfalls. Als ich mich auf dem Bett beobachtete, fiel mir spontan der französische Ausdruck ‚avoir l’âme chevillée au corps‘ ein. Das heisst ungefähr: ‚Die Seele mit dem Körper verschraubt zu haben‘. In Frankreich benutzen wir diesen idiomatischen Ausdruck, wenn eine Person eine Gefahr unversehrt übersteht oder sehr viel Stress ohne körperlichen Schaden überlebt. Eben weil die Seele sich nicht vom Körper trennt.

Dieser Satz fiel mir jetzt genau zutreffend ein und ich begann, jede Menge verwandte Ausdrücke im Französischen und Deutschen zu suchen. Fand ich einen, versuchte ich ihn zu übersetzen usw. ... Ich konnte scharf denken wie nie und beschäftigte mich damit eine Weile.

Plötzlich merkte ich, dass nicht nur mein weißes Licht das Zimmer beleuchtete, sondern dass mein Körper unten auf dem Bett auch leuchtete. Und zwar rot. Ich beobachtete ihn aufmerksam. Ich hatte geschlossene Augen, lag ganz flach da unten und rührte mich nicht. Von meinem Bauch ging ein riesiger roter Fleck aus, der auch ein leicht rötlich getöntes Licht produzierte. Ich kicherte und dachte: ‚Das ist doch Blut! Es tut da

unten weh!' Es war keine Grausamkeit, als ich über den An-
blick von Blut lachte. Nur hatte ich festgestellt, dass ich
Schmerz nur noch 'intellektuell' wahrnehmen konnte. so brach-
te ich Blut in Verbindung mit Schmerzen aus intellektueller
Erfahrung, aus dem Gedächtnis heraus, sozusagen. Aber emp-
finden, mitfühlen konnte ich nicht. Denn ich besaß keinen
fleischlichen Körper mehr, obwohl ich genau wusste, dass ich es
war und vor wenigen Minuten noch all diesen Schmerz emp-
funden hatte. Ich entschied daraufhin, meinen 'langweiligen'
Körper nicht mehr aufzusuchen.

Kaum hatte ich diesen Gedanken formuliert, spürte ich
einen Ruck durch den ganzen Körper. Ich öffnete die Augen
und fand mich in dem verlassenen Leib mitten in den Schmer-
zen wieder. 'Schade', dachte ich. Ich war wirklich enttäuscht,
war es da oben an der Decke doch so schön gewesen. Aber ich
war auch dankbar, denn diesmal erstickte ich nicht, fühlte ein
Pochen in meinem Brustkorb und konnte atmen, wenn auch
sehr vorsichtig. "

8. Augenblicke des Gefühls, dass ich alles verstehe

Alois Serwaty, Berufsoffizier a. D., 59, musste sich im Alter
von 43 Jahren einer Bypass-Operation unterziehen, für seine Familie mit drei Kindern in Emmerich und ihn ein
Schock, wie er schreibt. Zwar konnte er nach acht Wochen
und einer Rehabilitation wieder den Dienst aufnehmen. Bei
einer Herzkatheter-Untersuchung mit Ballondilatation einige Monate später gab es jedoch unerwarte Komplikationen:

„Nach Vorbereitung begann der Eingriff routinemäßig am
späten Nachmittag. Ich war voll bei Bewusstsein, verfolgte das
Geschehen am Monitor und konnte mich mit dem medizini-
schen Personal, das den Eingriff durchführte, austauschen. Al-
lerdings war mein Gesichtsfeld durch ein grünes Tuch, dass in
Höhe meines Brustkorbes aufgespannt war, sehr eingeschränkt.
Völlig unerwartet verspürte ich während des Eingriffes je-

doch eine bleierne Müdigkeit. Zunächst wehrte ich mich dage-
gen, ich wollte ja alles mitbekommen. Ich vermutete zunächst,
dass die Ärzte mir ein Schlafmittel oder eine leichte Narkose
verabreicht hätten, konnte mir dies aber nicht erklären. Ich
verspürte keine Schmerzen. Dann kamen Befürchtungen auf,
nun ist beim Eingriff etwas schief gelaufen.

Plötzlich verspürte ich mich außerhalb meines Körpers. Ich
schwebte halbhoch im Operationssaal. Wie in einer Beobach-
terrolle verfolgte ich seltsam unbeteiligt, was mit meinem Kör-
per dort unten passierte. Da war zunächst eine große Verwir-
rung in mir, da ich nicht wusste, was dies alles bedeutete. Dann
ein Gefühl der Ruhe, des Friedens, ja des Glücks. Ich verspürte
kein Bedürfnis, in meinen Körper zurückzukehren. Dennoch
geschah dies wiederum sehr unerwartet, aber mit dem Gefühl
einer großen Kraftanstrengung und ich nahm die Realität wie-
der so wahr, als wäre nichts geschehen. Mein Körper und mein
Bewusstsein waren wiederum eins.

Kurze Zeit später dann erneut große Müdigkeit. Wiederum
der Gedanke, dass irgendetwas beim Eingriff schief läuft. We-
sentlich intensiver jetzt der Gedanke an Tod, an die Familie,
von der ich nicht Abschied genommen hatte, bzw. Abschied
nehmen konnte. Was soll nun werden? Etwas makaber begann
diese zweite Außerkörpererfahrung: Ich stellte mir mein eigenes
Begräbnis vor. Und in diesen Gedanken hinein wiederum der
Ausstieg aus meinem Körper. Ich schwebte plötzlich über der
eigenen Begräbnisszene. Ich habe dieses Detail später in Berich-
ten einfach weggelassen, weil es mir einfach so unglaublich
irreal erschien.

Beim Ausstieg aus meinen Körper hatte ich den Eindruck,
den Körper wie einen Mantel abzulegen. Dieses Bild werde ich
nie vergessen. Es hat sich in mein Gedächtnis eingebrannt.
Dieses Ablegen des ‚alten‘, irdischen Körpers war ungeheuer
befreiend. Danach war ich nicht körperlos, es war ein anderer
Körper, ein geistiger Körper, die Schwere des irdischen Körpers
hatte ich zurückgelassen. Zunächst auch in diesem Zustand
große Verwirrung: Die Gedanken schossen mir so durch den
‚Kopf‘. Aber es war nicht der physische Kopf, der sich mit

meinem Körper ja noch auf dem Operationstisch befand. ‚Bist du schon tot oder was ist dies für ein Zustand?' ‚Wenn dieser Bewusstseinszustand einfach so verschwindet, ist das dann der Tod?' Dieser Zweifel wich dann aber der festen Überzeugung, dass ich weiterlebe, in welcher Form auch immer. Auch jetzt wieder dieses Gefühl der Ruhe, des In-sich-Ruhens, des Friedens. Es gab kurze Augenblicke des Gefühls, dass sich alle Probleme, Fragen, Gegensätze einfach auflösen, dass ich einfach alles verstehe, eine Art ‚Allwissen' habe. Leider habe ich davon nichts behalten. Es gab aber auch fast lustige Momente: plötzlich wurde mein Schweben unstabil und es bestand die Gefahr, einfach durch die Wand zu entschwinden. Ich war regelrecht neugierig, was noch alles passieren würde. In diesem Zustand wurde meine Aufmerksamkeit auf ein Detail eines medizinischen Gerätes, nämlich eine Art Typenschild, gerichtet, das sich mir einprägte. Warum dies so interessant war, vermag ich nicht zu sagen.

Die Rückkehr in den eigenen Körper war diesmal mit einer noch größeren Kraftanstrengung verbunden als das erstemal. Ich nahm dann wiederum wahr, wie ein Druckverband angelegt wurde. Unmittelbar danach war der Eingriff beendet. Ich wurde zur Beobachtung in einen anderen Raum gebracht und später auf mein Zimmer. Ich fühlte mich wohl, nahm ein Getränk zu mir und begann zu lesen. Zwischendurch gelegentlich der Gedanke an dieses Erlebnis, was ich nicht einordnen konnte. Es wurde jedoch verdrängt durch den Eindruck und die Erwartung, dass der Eingriff erfolgreich gewesen war. Am Abend dann der Besuch des Arztes, der mir dies bestätigte. Er erwähnte aber nebenbei, dass es zweimal Komplikationen während des Eingriffs gegeben habe, nämlich zweimaliges Herzkammerflimmern. Jetzt erinnerte ich mich wiederum bewusst dieses Erlebnisses. Ich schilderte dem Arzt dies kurz, nannte ihm auch Einzelheiten des Schildes an dem Gerät, dass ich in diesem Zustand gesehen hatte. Ich wollte nur eine kurze Erklärung, vielleicht: Ja, wir kennen dieses Phänomen, es ist so und so zu erklären. Der Arzt reagierte aber nicht darauf. Später ließ er mir jedoch durch eine Schwester bestätigen, dass

*meine Beobachtung richtig gewesen sei. Die Schwester bestätigte
mir wiederum, dass es unmöglich für den Patienten sei, dieses
Schild zu sehen..*

*Ich habe dieses Erlebnis lange Zeit für mich behalten. War-
um sollte ich auch darüber sprechen? Es kann dies ein
Außenstehender ja sowieso nicht verstehen. Also unnütze Zeit-
verschwendung. Aber immer wieder kam der Wunsch auf, sich
damit zu beschäftigen und eine rationale Erklärung dafür zu
finden. Dann irgendwann Gespräche in der Familie. Meine
Frau und die jüngeren Kindern (damals ca. 15 und 16 Jahre
alt) finden es interessant, können damit aber nichts anfangen.
Jedoch nächtelange Gespräche darüber mit der ältesten Tochter
(damals ca. 27 Jahre, verheiratet und nicht mehr zu Hause).
Irgendwann durch Zufall der Kontakt mit Prof. Ewald in der
Erwartung, eine wissenschaftlich fundierte Erklärung dafür zu
finden. Gegenüber esoterischen Deutungsversuchen war und
bin ich immer noch allergisch. Ich bin an den natur- und
geisteswissenschaftlichen Erklärungs- und Deutungsversuchen
interessiert, aber zunehmend auch an der spirituellen Dimension des Erlebnisses.*

*Was hat diese Grenzerfahrung nun bei mir bewirkt? Ganz
konkret: Zunächst einmal die feste Überzeugung, dass es eine
Realität gibt, die weit über das hinausgeht, was wir mit unseren Sinnen und vielleicht auch mit den heutigen Methoden der
Wissenschaft erklären können. Es ist für mich kein 'Beweis' für
das Jenseits. Es findet im Diesseits statt, aber es ist ein Pro-
gramm, das an der Schwelle zwischen Leben und Tod abläuft.
Dennoch hat es zu einer inneren und äußeren Wiederannä-
herung an meine Kirche geführt. Es hat mich zu meinem
Engagement im Netzwerk Nahtoderfahrung und der Grün-
dung dieses Netzwerkes gebracht. Es dazu geführt, dass ich
stärker in der Lage bin, Emotionalität und Spiritualität zu
akzeptieren. Dennoch möchte ich mir eine vorsichtig kritische
Einstellung insbesondere in der Deutung dieses Erlebnisses be-
wahren".*[3]

9. Mir war bewusst, dass ich den Körper verlassen hatte

Ursula Bertram aus Rotenburtg/W. hatte Krebs in der Hüftpfanne und unterzog sich 1979 (im Alter von 35 Jahren) einer Knochenoperation (Geröllzyste). Dabei, so berichtet sie, *„war ich plötzlich über meinem Körper. Ich sah mich gut eingehüllt in Tüchern und die vermummten, ratlos wirkenden Ärzte. Es gab Schwierigkeiten, die vorher nicht zu sehen waren und ich hörte ,das wird nichts mehr'. Ich dachte, sollen sie doch den Oberarzt fragen. Mir war aber nicht mehr bewusst, dass der Oberarzt die Operation selbst vornahm.*

So schaute ich mir erst einmal den Operationssaal an und auch die anderen. Zurück zu meinem Körper. Noch immer wurde beratschlagt, woher sie jetzt ein Stück Knochen nehmen sollten. Dann kam der Hinweis ,aus dem Trochanter' (Großer Rollhügel). Na also. Und so schwebte ich langsam zur Decke, kam an das Fenster, das fast unter der Decke lag, schaute mich noch mal um und schwebte nach draußen. Hier sah ich den Krankenhauseingang und den Springbrunnen davor, der heute angeschaltet war. Jetzt ging es weiter über die Bäume und die Parkplätze. Ich fühlte mich unglaublich leicht. Mir war durchaus bewusst, dass ich den Körper verlassen hatte. Aus früheren Kindheitserfahrungen kannte ich diesen Zustand.

Ich stieg höher und höher, die Landschaft verblasste in einem Nebel, ich konnte nichts mehr erkennen, und tauchte in eine weiße Wolke. Plötzlich stand ich auf einer wunderschönen Margarithenwiese, weit und breit nur Margarithen. Mein Gedanke: nur nicht auf die schönen Blumen treten, und so schwebte ich darüber hinweg. Ich suchte nach einem Haus, wollte aber lieber auf der Blumenwiese bleiben, ein unbekanntes ruhiges Gefühl überkam mich. Dann ein Tor, traumhaft schön, ich schwebte darauf zu und plötzlich sah ich rechts eine männliche Gestalt und erkannte meinen Vater, welchen ich in meinem 10. Lebensmonat während eines Fronturlaubs erstmalig kennen lernte, und links eine weibliche, eine etwas ältere Frau mit sehr gütigen Augen. Beglückt, die beiden zu sehen, erleichtert, ein Gefühl, einmal willkommen zu sein und hier wollte ich jetzt bleiben. Doch die beiden erklärten mir, das ginge nicht, ich müsste sofort wieder zurück in meinen Körper und ich rutschte durch einen dunklen Tunnel nach unten. Nein ich wollte nicht wieder in diesen Körper und in dieses schreckliche Erdenleben. So schnell wie ich nach unten sauste, so schnell war ich wieder oben. Dieses Spiel den Tunnel hoch und runter machten wir wohl 4 mal, jedes Mal bat ich darum hier bleiben zu dürfen und fragte, warum wollt ihr mich denn nicht?"*

Ihr Vater zögerte, die ältere Frau bestand aber darauf dass Ursula noch eine wichtige Aufgabe zu erfüllen habe, was Ursula schließlich akzeptierte: *„Wie auf einer Lichtschiene rutschte ich mit einer unglaublichen Geschwindigkeit zurück in meinen hellen Körper.*

Jetzt spürte ich, wie ich ins Gesicht geschlagen, gerüttelt und angeschrieen wurde. Ich schlug die Augen auf, sah die angespannten und angestengten Augen der Ärzte und war voll Bewusstsein wieder im Operationssaal."

Auf meine Rückfrage, ob ihr Vater, den sie am Tor erkannte, zum Zeitpunkt ihrer Nahtoderfahrung noch lebte, schrieb Frau Bertram:

„Ob mein Vater noch lebte, war mir nicht bekannt, er war in russische Gefangenschaft geraten, und 1956 als die Gefangenen zurückkamen, berichtete einer, dass er aus der Gruppe geholt wurde und seit dem jede Spur erlosch. Umso erstaunter war ich, ihn dort in einem Alter von 35–40 Jahren sehr wohl zu sehen. Ihn selbst kenne ich nur aus Bildern, von der Begegnung im 10. Lebensmonat abgesehen."

Folgt man der allgemeinen Erfahrung, dass in Nahtodvisionen nur Vertorbene erblickt werden, so kann man vermuten. dass Frau Bertrams Vater, nachdem er aus der Gruppe geholt wurde, nicht mehr lange lebte.

Bemerkenswert ist ferner, dass die in der Vision gesehene ältere Frau erst einige Jahre später von Frau Bertram mit einer auf einem Bild gesehenen verstorbenen Frau identifiziert wurde, die ihr bis dahin unbekannt war. Es handelte sich um die Großmutter jener Frau Anni Ziemer, die sie 1984 als die Gründerin der „Deutschen Vereinigung für Geistheilung e.V." kennenlernte, in der sie eine neue Aufgabe als Heilerin fand.

Hat Frau Bertram öfter über ihr Erlebnis gesprochen? Wie war das Echo?

„Zu Beginn konnte ich mit niemandem darüber sprechen, es war eigentlich das i-Tüpfelchen zu meiner Andersartigkeit. Ich habe es vorsichtig versucht meinem Mann zu erzählen, seine Reaktion war, ich wolle mich nur wichtig machen. Bis heute spreche ich nur sehr wenig darüber und nur, wenn ich das Gefühl habe, es könnte dem anderen in irgendeiner Weise helfen".

10. Immer in dieser starken Todessehnsucht gelebt

Sicherlich haben nur wenige Nahtodbetroffene die Spannung zwischen Lebensbejahung und dem Wunsch zurück in die Geborgenheit des Lichtes zu gelangen so intensiv erfahren, wie Gabriele Pilz, die mit zwei herangewachsenen Kindern in der Nähe von Bamberg wohnt. Im März 2002 berichtet sie über ihr Erlebnis, das sie mit knapp 25 Jahren hatte:

„Am 24. August 1980 fuhren mein späterer Ehemann und ich in einem ausgebauten VW-Bus über den Autoput in Jugoslawien. Im Überholverbot rammte uns ein, auf unserer Spur entgegenkommender PKW frontal. Erinnern kann ich mich an das Unfallgeschehen selbst nicht – erinnern kann ich mich an Bilder und Gefühle, die nach 21 Jahren immer noch hochkommen als wäre es gestern geschehen.

Wohlig eingehüllt in eine warme, gelbe Wolke fühlte sich mein Körper schwerelos und unendlich wohl. Obwohl schwer in Worte zu kleiden würde ich sagen, ich erlebte ein Gefühl von bisher nicht erlebter Geborgenheit, völligem Verstehen aller Zusammenhänge und absolutem Vertrauen. Es gab kein Fra-

gen mehr, kein Sehnen, kein Verlangen. Alles wie es war, war in diesem Augenblick gut.

Ich sah das Unfallgeschehen unter mir, jede kleine Einzelheit: die Helfer, die kamen und unsere Körper aus dem Auto zogen, das zertrümmerte Auto, die herumliegenden Teile unserer Campingeinrichtung, unsere Körper – wie sie gekleidet waren, bis hin zur Unterwäsche – und wie sie bluteten. Die Straße, dieLandschaft um uns herum ...

Ich sah neben meinem blutenden Körper – im Inneren des Autos – eine Gestalt, die mir, würde ich dies real erleben, Angst machen würde: männlich, übermäßig groß, mächtig, grausam und hässlich und schmutzig, mit zerlumpten Kleidern. Diese Gestalt bedrohte meinen leblosen Körper. Im Augenblick dieser Bedrohung wurde ich herausgezogen aus meiner gelben Wolke – als ob ich in einer Spirale hochgezogen werde – einem hellen Licht entgegen. Dieses weiße Licht hatte eine Anziehung wie ein starker Magnet und war unterlegt mit hohen, feinen Tönen. Ich kam nie an, aber ich kann heute noch diesen Sog spüren, wenn ich an mein Erleben denke. Mein Körper fühlt sich jedesmal an, als ob in meinem Inneren ein Gummiband wäre, welches sich zusammenzieht wenn ich gedanklich in diesem Erleben bin!

Dann bin ich kurz in einem Krankenhaus aufgewacht, spürte Blut über mein Gesicht rinnen, hatte aber keine Schmerzen und war dann 14 Tage lang im Koma. Die Diagnosen lauteten: Polytrauma, Gesichtsschädelzertrümmerung mit Verlust des rechten Auges, Beckenringfraktur und anderes mehr.

Oft habe ich darüber nachgedacht, ob mir mein Gehirn einen Streich gespielt hat, ob meine Erinnerungen real sind? Aber ich hatte vorher nie etwas über Nahtoderfahrungen gehört oder gelesen, habe all die Jahre nichts erzählt von meiner stetig anwesenden Todessehnsucht, weil ich dachte, man würde mich aufgrund meiner Schädelverletzungen für verrückt erklären. 15 Jahre danach, durch eine Hypnosetherapie, wurde diese Grenzerfahrung heraufgeholt, wieder lebendig, und erklärte damit auch meine unendliche Sehnsucht nach diesem kaum zu beschreibenden Frieden und meine panische Angst vor Sonne.

Ich lebe seit dieser Erfahrung mit einer ungeheuren Sehnsucht dieses wieder erleben zu dürfen. Seit nun fast 22 Jahren wache ich aus jeder Meditation auf und erschrecke erst einmal über die Realität hier (inzwischen habe ich Meditationen und Entspannungsübungen aufgegeben – die Erinnerung ist zu stark). Seit diesem Unfall gerate ich am Morgen in Panik, wenn ich erkenne, dass die Sonne diesen Tag bestimmen wird – die Erinnerung an meine gelbe Wolke ist jedesmal da und damit meine Sehnsucht. Jeder Tag ist für mich ein Überlebenskampf geworden, das heißt: meine Sehnsucht nach diesem Erleben unterdrücken und das Beste aus dem Tag machen. Letztendlich dann dankbar sein, wenn wieder ein Tag zu Ende gegangen ist."

Im Dezember 2005 schreibt Frau Pilz nach Rückkehr aus einer 8-wöchigen Rehabilitation:

„Ich halte Leben kaum aus, habe viele Therapien hinter mir (immer mit dem Ziel mich dem Leben näher zu bringen), versuche ich ständig im Hier- und Jetzt zu bleiben, vermeide jede Entspannung oder Meditation weil es mir danach immer sehr schlecht geht. Das heißt, ich komme bei jeder Entspannung in die Erinnerung an meine Nah-Tod-Erfahrung und komme sehr schlecht wieder in die Realität. Die Folge sind tagelange Traurigkeit, Depression und Suizidgedanken. Ich versuche mich durch viel Arbeit abzulenken, meist gelingt mir das, oft bin ich aber sehr erschöpft."

Die Therapeuten bescheinigten ihr zwar Schädelhirntrauma und Dissoziation, die sie infolge ihrer vehementen Bemühung, die Sehnsucht zu verdrängen, erlebte, erwiesen sich aber als hilflos, wenn sie etwas zu Nahtoderfahrungen sagen sollten. Hilfreich war erst eine Korrespondenz mit dem Heidelberger Neurologen und Psychiater Schröter-Kunhardt in 2002.

Bewundernswert ist, wie Gabriele Pilz trotz allem geheiratet, zwei Kinder großgezogen und als Arzthelferin gearbeitet hat, nebenamtlich auch in der Sterbebegleitung. In den vergangenen Jahren ließ sie sich noch als Altenpflegerin ausbilden.

Bemerkenswert ist ferner, dass sich außersinnliche Fähigkeiten eingestellt haben (oder vorhanden waren?), über die sie schreibt:

„Mir ist oft passiert, dass ich mich am Abend mit einer Freundin über ein Buch unterhalten konnte (so als hätte ich es selbst gelesen), welches sie am Nachmittag gelesen hatte, ich aber eigentlich keine Ahnung von diesem Buch haben konnte. Einmal habe ich meiner Freundin einen Brief geschrieben. In dem Moment als ich schrieb hatte ich das starke Gefühl, ich müsse ein Bild mit einem fliegenden Adler dazulegen, habe dies auch dann getan. Kurz nachdem ich den Brief mit dem Bild des Adlers im Umschlag hatte, rief sie an. Wir unterhielten uns und ich erzählte ihr, dass ich unbedingt dieses Bild beilegen musste obwohl keinerlei Bezug zu dem Brief da sei. Sie lachte und erzählte mir, sie habe gerade etwas für mich fertiggestellt und in den Briefkasten geworfen. Am nächsten Tag erhielt ich ein für mich geschriebenes Märchen: mit dem Bild eines fliegenden Adlers auf dem Deckblatt! Die Geschichte handelte von einem kleinen Vogel, der eines Tages ein wunderschöner starker Adler werden sollte!"

Schließlich fasst Gabriele den religiösen Bezug ihres Erlebens so zusammen:

„Egal wie ich es benenne: wenn ich Jesus Christus, Gott oder meine geistigen Helfer um Hilfe bitte, bekomme ich immer Hilfe."

Und in einem Nachtrag fügt sie in mystischer Sprache hinzu, *„... dass meine Nahtoderfahrung für mich alle Essenzen wie Liebe, Wahrheit, Freiheit, Freude, Stärke ... enthielt und gleichzeitig als das große NICHTS bezeichnet werden kann – das DUNKEL oder NICHTS welches ALLES enthält!"*

11. Ich ging durch die Wand

Dagmar Eucker, Anfang vierzig, lebt im nördlichen Hessen. Obwohl ihr Erlebnis schon etwa 18 Jahre zurückliegt, hat sie in den ersten 11 Jahren mit niemandem darüber gesprochen. „*Ich hatte nicht das Bedürfnis dazu und auch die Befürchtung, man könne mich als ‚Spinnerin' ansehen.*" Wie sich die besondere Erfahrung in das Ganze ihres Lebens einordnet, schildert sie selbst (1999) wie folgt:

„Vor diesem Erlebnis hatte ich keinerlei Ahnung von allen in Ihrem Werk angesprochenen Ansätzen, sei es Esoterik, Psychologie oder Bewußtseinsforschung jeglicher Art. Im Gegenteil, ich studierte im letzten Semester Wirtschaftswirtschaften, die Termine für das Examen standen fest, ich konnte rechnen, interessierte mich für Börsenkurse und den Trick der volkswirtschaftlichen Geldmengenschöpfung. Mein Hobby war das Motorrad und das einzige Wesen, welches ich in meiner Nähe duldete und innigst liebte, war meine Katze Fleetwood, die übrigens als einzige meine Geschichte kennt und sich nach wie vor bester Gesundheit erfreut.

Im September des Jahres 1988 hatte ich (damals 23-jährig) Probleme mit der Schilddrüsenfunktion. Innerhalb weniger Wochen wurde eine Immunhyperthyreose in schwerer Ausprägung diagnostiziert. Alle Merkmale der Basedow-Erkrankung traten sehr schnell auf. Eine leichte Kropfbildung war festzustellen, die Augen traten aus den Höhlen, meine Mimik und mein gesamter Ausdruck veränderten sich auf das Gräßlichste, ich nahm stark an Gewicht ab, hatte Durchfälle und Schweißausbrüche. Die schlimmsten Beschwerden bereitete jedoch die sehr stark erhöhte Pulsfrequenz (im Durchschnitt 135 Schläge pro Minute) und das Auftreten extremer Stimmungen. Die körperlichen Beschwerden konnten medikamentös gelindert werden, ich musste jedoch viele Wochen lang täglich Bluttests vornehmen lassen, bis die Werte eine operative Entfernung der Drüse erlaubten und mir damit endlich wieder ein ‚normales' Leben ermöglicht werden sollte.

Aufgewachsen in einem protestantischen Elternhaus, in dem der Glaube in seiner besten Form der Güte und Nächstenliebe praktiziert wurde, ging ich zu Beginn meiner Erkrankung aus dem Studienort dorthin zurück, um mit der Hilfe und der Fürsorge meiner Eltern zu genesen. Ich bezog in meinem Elternhaus das ehemalige Jugendzimmer, in welchem ich bis zu meinem Auszug sechs Jahre zuvor Tür an Tür mit meiner lieben Schwester gelebt hatte, jedoch ohne die vertrauten Möbel. Sehr spartanisch als Gästezimmer hergerichtet, gab es neben kleinerem Mobiliar ein Bett und ein hellblaues Sofa. Abgeschottet von allem, was meinen Herzschlag noch weiter hätte erhöhen können (Fernsehen, aufregende Bücher, ebensolche Besuche), verbrachte ich die Tage auf jenem Sofa liegend, die Katze auf dem Bauch, zumeist dösend oder schlafend. Die Einnahme von Beta-Blockern verweigerte ich nach einer gewissen Zeit wegen der als unerträglich empfundenen Nebenwirkungen.

Das Herzrasen verursachte Ängste und ich kann mich erinnern, dass ich ausschließlich entsetzliche Alpträume hatte, und zwar solche der unausweichlichen, endgültigen, mörderischen Art. Die Tatsache, dass geistige Störungen (Basedow-Psychosen) auftreten können, war mir bekannt, und so bemühte ich mich, diesen Träumen keine allzu große Bedeutung beizumessen, und vermied auch vor dem Schlafengehen den ‚Blick unter das Bett‘, ob dort nicht Monster lauerten. Dennoch muss ich gestehen, dass ich ein unglaubliches Bündel aus Angst war in dieser Zeit. Allerdings weigerte ich mich aus Prinzip und sehr erfolgreich, irgendwelche Medikamente zur Verbesserung dieses psychisch instabilen Zustands einzunehmen. Die Herzbeschwerden nahmen dramatische Formen an, und es kam wohl auch zu messbaren Rhythmusstörungen, Aussetzern und Flimmererscheinungen.

Am Nachmittag des 5. Dezember 1988, zwei Wochen vor der Operation, erhob ich mich von jenem hellblauen Sofa, ich sah mich auf dem Sofa und die Katze schlafend auf meinem Körper liegen bleiben. Ich ging durch die Wand, d.h. ich diffundierte mehr, als dass ich schritt, durch dunkles, kühles Gemäuer, was mich jedoch nicht ängstigte. Ich betrat ein helles, wunderbares Zimmer, einen sonnendurchfluteten Raum mit einem geöffneten Fenster, an dem leichte, luftige Gardinen sacht über einen hellen, warmen Holzboden wehten. Alles war hell, freundlich, gelblich-weiß, warm, die Luft war frisch und umhüllte mich wie Nebel, nur ganz sanft und watte-weich. Ich *fühlte mich geborgen und froh, ich hatte ein unsagbares Glücksgefühl, ich wollte in diesem Raum bleiben. Ich wünschte sehr, bleiben zu können.*

Es fehlten gänzlich Möbel darin, aber ich liebte es so, es füllten Liebe, Frieden und Ruhe diesen Raum. Ich sog dieses Gefühl in mich auf und je mehr ich es aufnahm, desto stärker wurde es, das Gefühl des vollkommenen Glücks, was ich zuvor noch nie erleben durfte. Meine Bewegungen glichen einem Schweben, wie auf Wolken. Ich selbst war wie eine Wolke. Ich schwebte zum Fenster, die Gardinen strichen an mir entlang und ich sah ein Strahlen. So wie Kinder die Sonne malen, mit gelben Strichen deuten sie die Strahlen an, so sah ich die Welt vor diesem Fenster, hell und durchzogen von goldenen Strahlen, noch wunderbarer als mein Zimmer selbst. Es waren Geräusche dort, wie Vogelstimmen, lieblich, leise und sehr harmonisch. Ich wusste, dass ich in diese Welt vor dem Fenster schweben wollte und würde. Es fällt mir schwer, Worte zu finden für das Gefühl des unendlichen Glücks, welches ich spüren, ja selbst sein durfte, ich w a r Glück. Hier endet die Erinnerung."

Daß das schöne Erlebnis plötzlich abbrach, hatte einen sehr profanen Grund. Ihre Mutter war ins Zimmer gekommen, um sie zum Tee zu holen. *„Sie erzählte, dass sie plötzlich ein ungutes Gefühl überkommen hätte, und entschuldigte damit kurz und knapp (wie das ihre Art ist), dass sie mich mehrmals ziemlich kräftig auf die Wangen geschlagen hatte. Sie sagte, ich hätte so tief geschlafen, dass sie befürchtete, ich könne den Tee versäumen. Ich erinnere mich, dass meine Wangen sehr schmerzten und glühten als ich ‚erwachte' und dass ich unendlich traurig war, mich auf dem Sofa zu finden."* Offensichtlich war es ihrer Mutter nicht um den Tee zu tun, sondern sie erkannte, dass ihre Tochter sich in einem komaartigen Zustand befand.

Wir begegnen hier wieder der Reihenfolge Außerkörpererfahrung – Tunnel – Lichterlebnis, mit einer kleinen Abweichung: An die Stelle des Tunnels tritt ein „dunkles, kühles Gemäuer", durch das sie sich hindurchschweben erlebt. Das zeigt, dass die „Bausteine" der Nahtoderlebnisse keine Serienproduktion sind, sondern in vielfältiger Gestalt auftreten können. In allen Varianten besteht das Gemeinsame in dem dunklen Übergangsfeld zu der ekstatischen Lichtvision hin.

Welche Folgen hatte das Erlebnis für das Leben insgesamt und die religiöse Einstellung im Besonderen? Dagmar Eucker schreibt dazu:

„Die Religiosität meiner Kindheit und Jugend bleibt von diesem Ereignis unberührt zurück. Immer noch suche ich irgendwo zwischen den Wahrheiten die Kraft, die alles bewegt, und noch immer lehne ich den einen, eng definierten Weg des christlichen Glaubens für mich als letzte Wahrheit ab. Dennoch gibt es Zeiten, da wäre ich froh, dieses Erlebnis nicht gehabt zu haben, denn dann hätte ich die Möglichkeit, sozusagen oberflächlicher und damit bequemer zu leben und zu denken. Aber es ist alles in allem ein Teil meiner selbst und ich lebe damit. Die ständige Präsenz dieser meiner Geschichte habe ich inzwischen dahingehend im Griff, dass ich auch Phasen durchlebe, in denen sie nebensächlich und unbewusst bleibt, bis ich sie ‚brauche‘, um mich an ihr ‚geistig zu wärmen‘ und mich mit ihr zu trösten, oder bis sie mich einholt, um mir zu zeigen, dass alles Streben hier und heute weniger bedeutungsvoll ist als ich mir einbilde.

Die Nahtod-Erfahrung hat mich in die glückliche und angenehme Lage versetzt, meist ruhig und gelassen zu sein und meine vorherige Lebensweise zu ändern, indem ich nach und nach Verhaltensweisen, Ideale und Ziele relativiert vorfand und neue Wege zur Lebensplanung und -gestaltung suchte. Ich hadere nicht mit meinem vermeintlichen ‚Schicksal‘ ... – Dieses Umdenken hätte ich einzig als Resultat der Erkrankung bewerten können, was ich öffentlich auch tat. Aber tief in mir weiß ich, dass die Krankheit nur begleitend dazu beitrug. "

12. In meiner Lichthülle über dem Kleiderschrank

Lieselotte D. aus Bochum hat in Philosophie promoviert, und zwar bei dem Gründer der „kritischen Theorie" in Frankfurt (Horkheimer), ist also durch eine Schule realistischen Denkens gegangen. Um so bemerkenswerter ist ihre Schilderung (von 1999) eines Erlebnisses, das sie 1942 oder 1943 als etwa dreizehnjähriges Kind in Aschaffenburg hatte:

„Ich war an Diphterie erkrankt und lag in meinem Zimmer in meinem Bett. Meine Mutter pflegte mich; ich kann mich nicht an Schmerzen erinnern, auch nicht an die Einnahme von Medikamenten. Meine Erinnerung setzt ein:

Ich schwebe nach links oben, fühle mich in einem immer heller werdenden Licht in einer hauchzarten, etwas nebeligen Atmosphäre, sehe mich in meinem Bett, liegend und mit einer Seidensteppdecke zugedeckt. Ich sehe meine Mutter auf meinem Bett sitzend. Ich schwebe in meiner Lichthülle über dem Kleiderschrank, sehe auf seine Deckplatte, die eingefasst ist von einem Holzrand. Das Holz ist roh, bräunlich – ich kannte den Schrank nur aus der üblichen Perspektive. Er war weiß lackiert.

Ich höre meine Mutter meinen Namen rufen, immer wieder, laut und drängend. Ich gebe ihr Antwort ‚Mami, es ist doch gut‘, doch sie ruft weiter, ganz energisch.

‚Warum weinst Du denn, was hast Du?‘ frage ich mit meiner üblichen Stimme, auf die jetzt auch meine Mutter reagiert. Ich bin wieder in meinem Körper. – Ich habe dann wohl geschlafen.

Dieses Geschehen hatte für mich zunächst nichts Ungewöhnliches. Ich brauchte mir keine Gedanken darüber machen. Erst als meine Mutter am Abend ein Telefongespräch mit meinem Vater, der – jetzt fällt mir auf, dass ich dies noch exakt zu wissen glaube – nach Lohr am Main gefahren war, um einen grossen Brandschaden aufzunehmen, aus dem Nebenzimmer führte, dabei weinte und sagte ‚Lieselotte war so anders‘, wurde mir bewusst, dass mein Erlebnis nicht so selbstverständlich war, wie ich es erlebt hatte.

Ich wäre so gerne in dieser hellen warmen Lichthülle geblieben. Die Leichtigkeit, das Schweben, das Hingezogenwerden zum duftig hellen Licht – es ist in mir eine Gewissheit, dass mein Leben ausserhalb meines Körpers noch viel schöner sein kann. – Übrigens, es gibt keinen Traum, kein Erlebnis, das so bewusst und klar in mir lebt. Erst nach vielen Jahren (es muss nach 1966 gewesen sein) fand ich in einem Kübler-Ross-Buch Hinweise darauf, dass mein Erlebnis auch anderen Menschen geschenkt wird. Ich hätte sonst nicht davon sprechen können.

Heute – ich bin jetzt 70 Jahre alt – weiss ich in guten Stunden, dass meine Gefühle von Güte, Wohlwollen, Verbundenheit von Menschen miteinander, in diesem Bereich des Erlebens – in dieser Stufe des Bewusstseins – ihre Quelle finden."

13. Herumgewirbelt wie in einer Waschmaschine

Herbert Fiedler, Psychotherapeut im östlichen Westfalen, hatte 1997 eine Herzoperation, bei der ihm eine künstliche Herzklappe eingesetzt wurde. Danach gab es Komplikationen:

„Die neuronale Verbindung von der Vorkammer zur Hauptkammer des Herzens muss beim Herausschneiden der verengten Aortenklappe beschädigt worden sein. Ein externer Herzschrittmacher hielt nach der Operation das Herz in Gang. In der zweiten Nacht nach der Operation ist das Herz aber dann doch stehengeblieben, wie lange, weiß ich nicht.

Das Erlebnis fängt für mich damit an, dass ich mich hell wach fühle, um mich herum ein warmes, samtweiches Blau sehe, mich leicht und frei fühle. Nichts Irdisches haftet an mir, und ich sage: ‚Herr, in deine Hände lege ich meinen Geist!' Dann werde ich furchtbar herumgewirbelt, wache auf, werde von einem Arzt oder Pfleger neben meinem Kopf gefragt: ‚Wie fühlen Sie sich?' Ich sage: ‚herumgewirbelt wie in einer Wasch-

maschine', und dann kommt eine gewisse Traurigkeit darüber auf, dass ich zurückgeholt worden bin.

In der Zeit danach hat sich meine Vorstellung vom Tod so entwickelt, dass ich meine, in der räumlich-zeitlichen Welt ,wie unter Wasser' zu leben und im Tode aus dieser begrenzten Welt mit Raum und Zeit in die Zeitlosigkeit ,auftauchen' zu dürfen.

Ich denke als Psychologe naturwissenschaftlich, halte wenig von Esoterik und bin praktizierender Christ. "

Auf Rückfrage hin ergänzt Herbert Fiedler, dass er in seinem Außerkörpererlebnis sich als Ich erlebte, aber kein Körpergefühl hatte. *„Ich habe mich hell wach gefühlt und habe in den Raum hinein, in dem der Schall nicht reflektiert wurde, gesprochen in der Gewissheit, gehört zu werden. Es war ein Gefühl der Geborgenheit und des Wohlbefindens, frei von Last und Enge und von Erinnerung an mein irdisches Leben. In dem samtweichen Blau um mich herum habe ich keine Person gesehen, überhaupt nichts Gegenständliches. "*

Abweichend von einem größeren Teil der Nahtoderfahrungen erlebt der Betroffene den Raum seiner Vision hier in blauem, nicht in goldgelbem Licht. Auch sieht er keine Lichtgestalt, spricht aber als gläubiger Christ zu Gott hin (mit einem Wort des gekreuzigten Jesus).

Ungewöhnlich ist das Herumgewirbeltwerden. Es erinnert an das Buch eines Amerikaners, R. A. Monroe (1971, deutsch „Der Mann mit den zwei Leben. Reisen außerhalb des Körpers", 1981). Dieser beschreibt , wie er durch intensives Training und Willensanstrengung in der Lage gewesen ist, immer wieder Außerkörpererlebnisse bei sich hervorzurufen. Eine der Methoden, die er hierbei benutzt hat, nennt er „Rotations"-Technik. Bei dieser dreht man sich, ausgestreckt im Bett liegend, in Gedanken seitlich herum und leitet dann langsam den „Trennungsvorgang" ein. – In einem späteren Bericht wird uns das Herumgewirbeltwerden noch einmal begegnen.

14. Weiter getragen in ein Farbenmeer

Stefanie Erl, Anfang fünfzig, geschieden, lebt mit ihren beiden herangewachsenen Kindern in der Nähe von Stuttgart. In ihrem Bericht betont sie mehrfach, daß man das, was sie erlebt hat, eigentlich nicht in Worte fassen kann.

„Es war im März 1996 in München. An diesem Tag hat mich mein damaliger Freund zum Essen in ein Lokal eingeladen, das im Münchener Stadtteil Haar liegt. Auf dem Weg dorthin liegt eine kleine Kapelle, die mich von einiger Entfernung schon wie ein Magnet anzog. Dieser Sog wurde, je näher wir kamen, immer stärker, so dass ich nicht umhin kam, meinen Freund zu bitten, mit mir doch in diese Kapelle zu gehen.

Wir waren kaum zwei Minuten drin, da bekam ich ein eigenartiges Gefühl, ich hatte den Drang, etwas aufschreiben zu müssen; doch wir hatten nichts dabei.

Es wurde immer heller um mich herum (ich meine nicht die Helligkeit, die wir kennen, diese Helligkeit war weißer als Schnee), und ich wurde immer leichter. Dieses weiße Licht hat sich auf zwei wunderschöne, leuchtende Lichtwesen zentriert, die rechts und links neben mir standen und mich mit einer so sanften und lieben Art aus meinem Körper geholt haben. Dabei war es mir, als ginge ein Schleier auf und ich konnte alles klar sehen; es war alles so wirklich, viel wirklicher als in diesem Leben.

Zur selben Zeit als ich meinen Körper verließ, fiel alles Schwere, Angst, Leid usw. von mir ab, ich empfand nur noch ein unbeschreiblich großes, beglückendes Gefühl der Liebe. Es war mir, als hätte mich jemand, der aus reiner, unendlicher Liebe besteht, empfangen und mich auf wundervollste Weise in diese Liebe eingehüllt.

Ich sah meinen Körper von oben, dabei hatte ich das Gefühl, diesem entwachsen zu sein. Von den zwei Lichtwesen wurde ich weitergeführt, immer noch in unendlich viel Liebe gehüllt, durch einen tiefschwarzen Tunnel. Es dauerte eine Weile, bis ich am anderen Ende des Tunnels Licht und meine Großeltern sah. So im Vorbeischweben sagten sie mir, dass sie nicht mich, sondern ihre Tochter abholen wollten; ich hätte noch ein bisschen was zu tun auf der Erde.

Meine Großeltern sind weitergezogen und ich wurde weiter getragen in ein Farbenmeer, das so kraftvoll, so intensiv und doch so zart war – es kann nicht mit Worten gesagt werden, dafür gibt es keine Worte. Diese Farbenpracht ging auf, man kann es nur leicht angehaucht mit einer Rose vergleichen. Je weiter ich durch das Farbenmeer kam, desto stärker hatte ich das Gefühl, nach Hause zu kommen. Ich ging hindurch und verschmolz mit diesen Farben, und doch war ich größer und mächtiger (ich meine nicht, vom ‚Macht haben‘ her) als man es sich je vorstellen kann. Niemand kann es sich vorstellen, der es nicht selbst gesehen hat.

Mein Begleiter in der Kapelle bekam Angst, da ich so starr aussah, und klopfte auf mir herum. Im Sturzflug musste ich wieder in meinen Körper zurück, ich fühlte mich, als müsste man mich wie eine Ziehharmonika in diesen Körper hineinquetschen. Ich spürte viele Ketten um mich herum, so als wäre ich gefangen in meinem Körper, wobei dieses Gefühl nach ein paar Minuten wieder verschwand.

Während meiner Reise sah und fühlte ich den Sinn des Lebens und spürte, wo die Werte des Menschen liegen oder liegen sollten. Ab dieser Zeit hat sich meine Lebenseinstellung sehr geändert. Ich weiß, dass wir so viele unsichtbare Helfer haben, wenn wir es nur wollen, und danke Gott jeden Tag für dieses wunderbare Erlebnis und die vielen unsichtbaren Helfer.“

Hatte das, was die Großeltern in der Vision über das „Abholen ihrer Tochter“ sagten, eine Bedeutung? Stefanie Erl berichtet, dass ihre Tante, die Schwester ihres Vaters, zwei Tage später gestorben ist.

Dass es sich beim Außerkörpererlebnis nicht um einen Traum handelt, wird, wie wie wir früher gesehen haben, durch die Wahrnehmung von objektiv vorhandenen, physisch sonst verborgenen Gegenständen dokumentiert. Ein weiteres Indiz ist die „Rückkehr“, wie sie Stefanie Erl beschreibt: Der „Sturzflug" und das Gefühl, in den Körper „hineingequetscht" zu werden, ist bei Träumen unbekannt. Auch hängt diese ungewöhnliche Art und Weise der Rückkehr offensichtlich mit dem physischen Eingriff des „Klopfens" zusammen – ein Hinweis, wie eng das „Ich" im Außerkörpererlebnis noch mit dem Leib verbunden ist.

Die Bemerkung „... so, als wäre ich gefangen in meinem Körper" erinnert an Platos Lehre, dass die Seele im Kerker des Leibes gefangen sei. Es wäre aber falsch, die Bemerkung so zu verstehen. Denn zum einen hat die Betroffene nur für ganz kurze Zeit diesen Eindruck. Zum andern zeigt die Begegnung mit den Großeltern, dass ein Bezug zum Alltagsleben auch noch im Schwebezustand besteht, also keine Loslösung der „Seele" vom leiblichen Geschehen im Sinne altägyptischer oder altgriechischer Philosophie. Eher liegt es nahe, die gefühlten Ketten mit der Enttäuschung zu verbinden, plötzlich aus einer herrlichen Lichtwelt herausgerissen worden zu sein.

Wie war die Reaktion der Mitmenschen, denen Stefanie Erl von ihrer Vision erzählt hat?

„Erstmal habe ich mein Erlebnis selber verdauen müssen, ich konnte nicht glauben, dass mir so etwas Wunderbares widerfahren ist. So nach und nach hatte ich das Bedürfnis, dies anderen Menschen mitzuteilen. Ich habe weder Verständnis noch Hilfe gesucht, ich wollte den Leuten sagen, dass sie keine Angst vor dem Tod haben müssen, dass das Leben nach dem Tod klar, frei von Zwängen, voll von einer Liebe, die wir so gar nicht kennen, einfach wunderbar sein kann. ... Nicht jeder konnte diese Dinge verstehen. So kam es, dass mich einige für ein bisschen verrückt gehalten haben mit dem Wortlaut ‚das kann nicht sein'. ... Man hat mir gesagt, dass ich wohl von einem anderen Stern komme."

15. Nicht ins Leben zurückholen

Folgender Bericht wurde mir indirekt übermittelt. Rita Engel aus Gütersloh erzählt von einem Menschen, der ihr vor etwa 20 Jahren ein Erlebnis anvertraut hat und inzwischen verstorben ist. Aus Angst, von unwissenden Menschen ausgelacht zu werden, hat er mit niemandem sonst darüber gesprochen:

„Er lag als Soldat mit schwerer Lungenentzündung im Lazarett, wo man ihm aus Mangel an Medikamenten kaum helfen konnte. Er hatte sehr hohes Fieber, starke Schmerzen und fühlte sich elend. Plötzlich waren alle Schmerzen verschwunden und er konnte von oben – praktisch von der Decke aus – beobachten, wie die Krankenschwester hereinkam, seinen Zustand registrierte und schnell hinauslief, um einen Arzt zu holen. Dieser machte irgendetwas an den Zehen, hob die Augenlider und sagte ‚Exitus‘. Nach Aussage des Erzählers wusste er damals noch nicht, was das zu bedeuten hat. Der Arzt wies die Schwester an, eine Injektion zu holen, um ihn zu reanimieren. Der Betroffene versuchte, dem Arzt mitzuteilen, dass es ihm gut gehe und er nicht möchte, dass dieser etwas unternimmt, um ihn ins Leben zurückzuholen. Aber seltsamerweise konnte er sich trotz größter Anstrengung nicht verständlich machen. Sobald die Injektion wirkte, war er wieder zurück in seinem Körper und spürte erneut die starken Schmerzen …“

16. Du mußt gehen

Brigitte Stephan aus Südhessen schreibt (1999) über ihr Erlebnis, sie wisse immer noch nicht so recht, ob es ein Traum war oder ob sie es wirklich erlebt hat. *„Denn wenn ich jemandem darüber spreche, erklären sie mich für verrückt und sagen, ich solle mit meinen Träumereien aufhören."* Nach üblichen Kriterien handelt es sich jedoch um eine ausgeprägte Nahtoderfahrung:

„Ich bin jetzt 31 Jahre und Diabetikerin und wurde 1989

mehrfach am Herzen operiert (Herzklappenfehler). Ich bekam dadurch auch Lungenembolien, was zur Folge hatte, dass ich 1993 schwerste Lungenblutungen hatte und somit ins Koma fiel. Dieses dauerte ca. 10 Tage. In einer Nacht wurde meine Mutter angerufen, sie solle sofort in die Klinik kommen, die Ärzte möchten die Maschinen abstellen, weil es alles keinen Sinn mehr hätte.

Und da erlebte ich mich an meinem eigenen Grab stehen. Im Sarg selbst lag mein Körper. An dem Grab stand ich mit meiner bereits verstorbenen Tante und verstorbenem Onkel, die sehr ruhig auf mich wirkten und lächelten, bis ein Priester begann, die Beerdigung stattfinden zu lassen. Doch plötzlich wandelte sich die Ruhe in Sekundenschnelle in verschiedene Farben von dunkel ins Helle, und je heller dieses Licht und diese Farben wurden, umso wohler und sicherer fühlte ich mich. Doch plötzlich war auch dieses Licht weg und ein in Dornen gehülltes Gesicht sagte zu mir: ‚Du musst gehen, für dich ist die Zeit noch nicht gekommen'. Alles verschwand, ich schlug die Augen auf; an meinem Bett standen meine Mutter und mein Schwager, die ich nicht gleich erkannte, wobei ich sehr böse war, mich schon von dort wegzuholen. "

Die Anfangsphase des Nahtoderlebnisses hat nicht die meist berichteten Kennzeichen einer Außer-Körper-Erfahrung: Brigitte schwebt nicht im Raum und sieht sich nicht in der Intensivstation oder dem OP, wo ihr Körper wirklich lag. Vielmehr steht sie an ihrem eigenen Grab und erlebt den Beginn ihrer Beerdigung, die aber nicht stattgefunden hat. Man ist versucht, diese erste Phase noch als Traum anzusehen, der dann mit dem Erscheinen der Farben erst in die Nahtodvision übergeht. Das wäre aber vorschnell geurteilt. Denn mit ihr am Grab stehen zwei bereits verstorbene Verwandte. Die Begegnung mit bereits verstorbenen vertrauten Menschen gehört aber zu den Standardbausteinen eines Nahtoderlebnisses; sie wird oft – aber nicht immer – aus dem letzten Teil eines solchen Erlebnisses berichtet. Sie steht im vorliegenden Beispiel am Anfang und ist bildhaft durch die Beerdigungsszene eingerahmt. Das Anschauen des eigenen Grabes wie auch die Begegnung mit einem in Dornen gehüllten Gesicht – sicherlich dem des gekreuzigten Jesus – weist darauf hin, dass bei der Ausgestaltung der Nahtodvision auf viele verschiedene Weisen Bilder aus dem Unbewussten eine Rolle spielen können. Grab und Kreuzigung sind hier noch stark gegenwärtig. Licht und Glücklichsein werden zwar schon erlebt, aber nicht eine „Lichtgestalt". – Dieses Erlebnis zeigt wiederum, dass die Verschlüsselung der erfahrenen Botschaft individuell unterschiedlich sein kann, auch wenn der Inhalt („du musst noch einmal zurück") der gleiche ist.

17. Ursache: Suizidversuch

Sigismund Teschner, Anfang fünfzig, ist in Oberbayern geboren und lebt jetzt in Thüringen. Gelernter Flugzeugmechaniker, war er weltweit für ein Flugzeugwerk tätig, bis 1994 ein einschneidendes Erlebnis sein Leben veränderte:

„Die Umstände zu meinem Suizidversuch waren, wie oft im Leben, das klassische Liebessyndrom. Nach 18 Jahren Ehe die einzige, aber tiefgreifendste Affäre mit einer sechs Jahre jüngeren Berufskollegin aus Amerika während des Außendienstes in Bern in der Schweiz. Innerhalb von zwei Monaten leitete ich selbst die Scheidung ein, verlor aber zugleich die andere Frau, die nach meiner heutigen Überzeugung selbst psychisch stark angeschlagen war und zu einer partnerschaftlichen Verbindung wohl nie in der Lage gewesen wäre. Und genau hier musste ich lernen, dass ,Loslassen' in unser aller Leben sehr, sehr schwer, aber unbedingt nötig ist. Ich wollte zuerst von dieser Frau nicht loslassen und meine Ex-Frau vielleicht bis heute nicht von mir. – Für mich selbst, kann ich sagen, habe ich es begriffen!

Der eigentliche Suizidversuch fand am 16. zum 17. Februar 1994 in einem Berner Hotel statt. Alles kündigte sich eigentlich schon Wochen zuvor an, da ich spürte, dass diese Frau nur noch von mir weg (flüchten) wollte, und dazu kamen noch die juristischen Auseinandersetzungen mit meiner Noch-Ehe-Frau. Ich kaufte mir in dieser Zeit Schlaftabletten mit der Absicht, sie eventuell zu benötigen.

Dann kam diese Nacht, wo ich diese Frau nochmals in Amerika anrief (ca. 2 Uhr in der Früh Europäischer Zeit); ich bekam eine ordentliche Abfuhr.

Dem später zugeschalteten Psychiater schilderte ich diese Situation als Kurzschluss, etwa so, als ob ich in einen Raum ohne Türen getreten wäre, so wie ich das auch heute noch sehe.

Dann folgte etwas, was ein Mensch vermutlich in solchen Situationen wie ein Automat abhandelt, in Worten schwer zu beschreiben, bis zur eigentlichen Handlung ein schnelles Hin- und Herschwingen, bis letztendlich dann zur eigentlichen Handlungstat.

Ich ließ ein heißes Bad ein, legte mein (unser) Lieblingslied als CD im Wiederholungsdauerlauf ein, löste 26 Schlaftabletten, davon 6 sehr starke, in einem Glas Sekt auf (eher ein Brei) und schluckte dies alles ..." Sigismund schildert dann im Detail, wie er verzweifelt versucht, sich die Pulsader mit einem Messer zu öffnen, jedoch, ehe das gelingt, aufgrund von Blutverlust und Wirkung der Schlaftabletten bewusstlos in die Badewanne sinkt. Das nun folgende Nahtoderlebnis, das „ganz sicher im tiefen Koma stattfand", schildert er in Stichworten:

„– das Wahrnehmen von absoluter Liebe, Zufriedenheit, Glücksgefühl und Geborgenheit (in einem Ausmaß, wie man es zuvor noch nie erlebte oder überhaupt in Worte fassen kann).

– die Wahrnehmung von Anwesenheiten (da ist etwas da, was einem gut gesonnen ist, aber kein Erkennen von Persönlichkeiten).

– das Verbringen woanders hin (wüstenähnliche Landschaften in skurrilen, noch nie gesehenen bizarren Farben, unwirklich, außerirdisch), zugleich aber mit dem Gefühl, irgendwie von dort zu stammen, daheim zu sein, endlich angekommen zu sein.

– dann etwas Abruptes, wie das Fallen eines roten Vorhanges, Ende der Vorstellung (was in der Wahrnehmung des wieder

zu Bewusstsein Kommens, sicherlich der zugezogene rote Vorhang des Hotelzimmers war) und die schmerzliche Erfahrung, nicht dort bleiben zu können, was mir später oft psychisch zu schaffen machte.

Eigentlich war dies schon alles, aber dann passierten viele seltsame Dinge in sehr kurzer Reihenfolge, die ich so als meine Selbstfindung bezeichnen würde und einfach so stehen lassen muss, da es keine rationale Erklärung dafür gibt."

Auch kamen frühere Erlebnisse in die Erinnerung zurück: Sigismund Teschner hatte bereits als 18-jähriger und 10 Monate vor dem genannten Geschehen je eine Außerkörpererfahrung; eine weitere folgte 5 Monate später, dann aber keine mehr.

Wie ging es nach Bern weiter? Das erste Jahr war von tiefen Depressionen geprägt. Von diesen sagt der Betroffene in einem Nachtrag: „Meine Depressionen hatten nur sekundär mit meiner Scheidung zu tun, ganz sicherlich primär mit der Enttäuschung, zurück im alltäglichen Körper zu sein und viele Dinge ertragen zu müssen, die man nicht will."

Es gab Höhen und Tiefen, ängstliche Gedanken an einen neuen Suizidversuch und ebenso dessen erneutes Scheitern, und es gab den schweren Gang der Scheidung.

In 1995 lernte Sigismund seine jetzige Lebenspartnerin kennen, mit der er in einer Stadt in Thüringen wohnt und eine neue Tätigkeit ausübt. „Der innigste Wunsch damals, dass sich meine Lebenssituation verbessern sollte (raus aus den tiefen Depressionstälern), wurde mir auf wundersame Weise mit meiner heutigen Partnerin erfüllt ... Im großen und ganzen fühle ich selbst in mir, dass etwas ‚sensibilisiert' wurde, das sich in allen Lebenslagen niederschlägt und oft in Grenzbereiche von Mystischem oder Übersinnlichem geht. Dabei bin ich mir sehr wohl bewusst, dass man vorsichtig sein muss, um nicht alles eine eigenständige Religion werden zu lassen."

Sigismund Teschner bejaht nun sein Leben. „Ich glaube heute, nach all dem sogar meinen Lebensweg bis zum Ende gehen zu können, egal, was kommt, auch wenn ich das Wertvollste verlieren würde (meine jetzige Partnerin)." Er hat auch dazu beigetragen, daß zwei andere Menschen von einem Suizidversuch Abstand genommen haben. *„Trotzdem bin ich kein Moralapostel geworden, der sagt, dass Suizid eine Todsünde wäre. Jeder Mensch besitzt selbstverständlich das Recht dazu. Einem potentiellen Selbstmörder würde ich lediglich aus meinen Erfahrungen den guten Rat geben zu beachten, daß nicht er selbst entscheidet, ob der Transit gelingt ... "*

Zum Schluss sei noch ein Satz zitiert, mit dem auch der Betroffene seinen Bericht beschließt: *„Das Erlebnis für sich selbst ist und bleibt etwas, als ob man ‚die Unendlichkeit berührt hätte'. "*

18. Die Frau stirbt diese Nacht

Bernd A. lebt in Schleswig-Holstein. Seine Aufzeichnungen des Nahtoderlebnisses seiner Frau Renate stammen aus der Zeit vor deren Tod in 2004.

Es war 1993. Damals wohnten beide im Saarland. Renate hatte starke Probleme mit dem Alkohol. Gutes Zureden und „auf den Tisch hauen" half nichts; sie trank heimlich. Bernd kaufte Renate ein Auto sowie ein Haus in der Nähe ihrer Mutter in Frankreich, damit sie auch bei ihrer Mutter Halt suchen konnte.

Dort weilten sie im Dezember. Bernd schreibt:

„Gesundheitlich baute meine Frau Tag für Tag mehr ab. Ich brachte sie fast täglich zum Arzt ins Saarland und habe sie gebeten, in ein Krankenhaus zu gehen. Sie weigerte sich und sagte: nach Weihnachten. So hatte ich eine schwer kranke Frau zu Hause. Wie schwer sie erkrankt war, wusste ich noch nicht. "

Am 1. Weihnachtstag fiel Renate mehrfach ins Koma und es gelang Bernd schließlich, sie mit Hilfe des Roten Kreuzes in ein Krankenhaus im Saarland zu schaffen. Der Arzt beruhigte ihn und schickte ihn nach Hause. Dort fand Bernd A. in der Handtasche seiner Frau ein ärztliches Attest vom 15.12.93:

„Frau A. ist lebensbedrohlich erkrankt. Leberzirrhose. Es

besteht akute Lebensgefahr durch eine Ösophagusvarisen-blutung.“

Am 2. Weihnachtstag erfuhr Bernd telefonisch, dass seine Frau in die Universitätsklinik nach Homburg verlegt worden sei. Er hastete dort hin, erfuhr aber im Krankenzimmer seiner Frau zu seinem Erstaunen von einer Mitpatientin, dass Renate im Aufenthaltsraum eine Zigarette rauche. Folgendes hatte sich zugetragen:

„In der Nacht standen ein Arzt und eine Krankenschwester vor ihrem Bett. Die Krankenschwester sprach zum Arzt: ,Soll ich ihr ein Nachthemd anziehen?‘ Arzt: ,Ist nicht nötig, die Frau stirbt diese Nacht‘. Übergangslos fand sich meine Frau auf einmal über einer grünen Wiese. Es war etwas neblig. Im Hintergrund Bäume, wo sie hinschwebte. Dort verschwand der Nebel. Es war hell und warm, als wenn die Sonne schiene, die aber nicht zu sehen war.

Aus dem Hintergrund der Bäume kamen bekannte Verstorbene sowie unbekannte zum Vorschein. Die Gesichter der Verstorbenen waren gut zu erkennen, ihre Körper in schwebende Gewänder gehüllt. Fast alle schauten sehr freundlich, einige sehr uninteressiert. Sie schwebten aus ihrer Sicht ziellos hin und her. Die Bäume hatten Früchte, die sie noch nie gesehen hat. Der Wind und die Bäume spielten eine Melodie, die sie nicht beschreiben kann. Eine Frucht hat sie auch angefasst. Sie berichtet über einen Vogel, den sie vorher nie gesehen hat. Ein Papagei käme dem Vogel am ähnlichsten. Es war aber kein Papagei.

Sie sprach zu ihrer Tante Cilla: ,Du auch hier?‘ Tante Cilla lächelte neben dem Vater meiner Frau. Ihr Vater: ,Du musst wieder zurück, es wartet noch eine Aufgabe auf dich, die du noch erfüllen musst‘. Meine Frau: ,Ich will nicht‘. Vater: ,Sei froh, dass du zurück darfst‘. Meine Frau: ,Es ist doch so schön hier‘. Vater: ,Ja, es ist schön hier, aber …‘ (unverständliche Worte). Sie fühlte sich vom Vater mit Hilfe von Tante Cilla zurückgestossen.“

Etwa eine Woche später war Erstaunliches festzustellen: *„Es ist mir unbegreiflich. Meine Frau war fit, fast schon wie* *früher ... Sie wog bei Einlieferung ins Krankenhaus 31 kg, Leberwerte ca. 600. Nach 14 Tagen wurde sie als geheilt entlassen. Es gab noch einen Kampf beim Thema Alkohol. Sie hat es geschafft. Nach 4 Wochen Leberwerte 30, heute 22. Man sieht ihr die Krankheit noch an. Sie fühlt sich aber wohl. Medizinisch ein Wunder."*

Wie war das mit Tante Cilla? Renates Vater war ja verstorben. Aber lebte nicht Cilla noch und war ganz munter? Bernd suchte vor seinem Besuch im Krankenhaus eine Woche nach Weihnachten Renates Mutter auf. Diese bat ihn, mit ins Krankenhaus fahren zu dürfen und fragte, ob man Renate schon eine traurige Mitteilung machen könnte. *„Ich fragte, was ist denn passiert? Die Mutter: Ich bekam heute einen Brief. Meine Schwester ist gestorben. Laut Todesanzeige ist sie schon 3 Tage beerdigt."* Man kann also annehmen, dass Cilla unmittelbar vor Renates Nahtoderlebnis gestorben ist. – Das bestätigt die durchgehende Beobachtung, dass in Nahtodvisionen nur bereits verstorbene Verwandte und Freunde „gesehen" werden.

19. Am Tunnelausgang

Cornelia Neumann, Jahrgang 1958, wohnt in der Nähe von Konstanz. Sie berichtet folgendes Erlebnis, das ihr zu einer Zeit widerfuhr, in der sie noch nie etwas von Nahtoderlebnissen gehört hatte:

„Am 13.2.1995 hatte ich einen Schlaganfall. Drei Tage später, als sich in meiner rechten Hirnhälfte Wasser bildete, kam ich mit dem Hubschrauber nach Heidelberg, wo ich operiert wurde. Ich wurde ins künstliche Koma gelegt. Kein Arzt hat daran geglaubt, dass ich überleben werde. Nach einigen Tagen haben die Ärzte beschlossen, die Medikamente zu reduzieren, die mich im künstlichen Koma hielten; ich sollte langsam aufwachen. Aber vorher hatte ich noch ein seltsames Erlebnis.

Ich ging durch einen dunklen Tunnel. Je näher ich zu dem

Tunnelausgang kam, desto heller wurde es. Als ich unter dem Tunnelausgang stand, sah ich etwas Wunderschönes. Auf einer Wiese mit wunderschönen Blumen tanzten viele Menschen, die weiße Kleider an hatten. Ich stand da und schaute wie gebannt zu. Ich wäre am liebsten zu ihnen gegangen, weil bei den tanzenden Menschen alles so friedlich aussah.

Auf einmal sprach mich ein Mann an, der links vor dem Tunnelausgang stand; er sah aus wie mein Vater, den ich nur von Bildern her kenne, da er gestorben ist, als ich vier Jahre alt war. Er sagte zu mir: Du darfst nicht aus dem Tunnel herausgehen, sonst kommst du nie mehr zurück. Kehre um, du wirst noch gebraucht, es gibt viele Menschen, die dich lieben, und du hast in deinem Leben noch Aufgaben zu erfüllen.

Ich bin dann wieder den Tunnel zurückgegangen, obwohl es auf der anderen Seite schöner gewesen wäre.

Ein Pfleger sagte mir später, ich sei, bevor ich aus dem Koma aufgewacht bin, so unruhig gewesen, dass alle Angst hatten, ich würde mir den Beatmungsschlauch aus dem Mund ziehen."

Auf Rückfrage hin ergänzt Frau Neumann, dass die im Tunnelausgang erblickten Menschen weiße Kleider an hatten und in Gruppen tanzten. Ihr Vater war „nobel angezogen". Noch einmal zurück zu müssen, war eine sehr große Enttäuschung, zumal sie sich glücklich fühlte. Aber die Angst vor dem Tod ist ihr genommen.

20. Von einer Hülle umgeben

Günter B. aus Thüringen schreibt:

„In einem Thüringer Dorf wurde ich 1941 als Sohn einfacher Landleute geboren. Mein Elternhaus war traditionell christlich, aber nicht pietistisch geprägt.

Mit 5 Jahren spielte ich am nicht weit von unserem Haus entfernten Dorfteich, der eine gemauerte Umfassung hatte. Mir machte es Spaß, die an der Ufermauer schnatternden Enten fangen zu wollen, was aber nie gelang. Sie flogen mit Geschrei davon. Als ich wieder einmal am Teich spielte, rief mich meine

Mutter. Ich drehte mich in hockender Stellung um und fiel ins Wasser. Meine Mutter musste, den Hausflur zurück, dem Hoftor entgegen und dann in den Teich, ca. 200 Meter laufen, um mich zu retten. Als ich ins Wasser fiel, war ich sehr erstaunt, nicht ängstlich strampelnd oder erschrocken. Über meine Empfindungen bei diesem Unglück habe ich bisher mit niemandem gesprochen, die Erinnerung jedoch ist frisch, wie eingebrannt im Gedächtnis. Ich fühlte mich, obwohl es November war, wohlig warm wie von einer Hülle umgeben, die mich schützte, elastisch nachgab und meinen Körpermaßen angepasst, aber nicht beengt wirkte. Ich fühlte mich rundum wohl, kann mich auch nicht erinnern, Wasser geschluckt zu haben, was ja bei mehreren Minuten unter Wasser der Fall gewesen sein muss. Es war dunkel und still, ich jedoch war völlig angstfrei. Ich schwebte auf irgendein Ziel zu, das ich jedoch nicht beschreiben kann. In die Wirklichkeit wurde ich jäh zurückgeholt, als mich meine Mutter am Haarschopf, den sie im trüben Wasser sah, emporzog.

Ich bin evangelischer Diakon und Geschäftsführer einer größeren Pflegeeinrichtung. Religiöse Vorstellungen haben, mit meinen damaligen 5 Jahren, mit Sicherheit keine Rolle gespielt bei diesem Erlebnis."

Die schützende Hülle erinnert an eine Gebärmutter; möglicherweise spielte die Beziehung zum vorgeburtlichen Sein bei der Erfahrung von Geborgenheit eine Rolle. Für eine Erklärung der Erfahrung insgesamt reicht das allerdings nicht aus. Auf die Rückfrage, ob er das genannte „Ziel" näher beschreiben könne, fügt Günter B. hinzu: *„Leider kann ich das Ziel weder objekthaft noch als Licht erinnern. Meine Umgebung war völlig dunkel. Ich hatte das Gefühl, horizontal sanft, aber gezielt gezogen zu werden. Ich wehrte mich nicht dagegen. Ich empfand alles nicht als verworrenen Traum, sondern sehr real. Ich befand mich in einer anderen Welt ...“*

21. Bild der unendlichen Reinheit und Schönheit

Ingrid Schwickert lebt heute in der Nähe von Köln. Sie hatte eine schwere Kindheit, über die sie schreibt: *„Ich wuchs in einem Heim auf, wo ich mich sehr einsam und allein gelassen fühlte. Mein Leben hielt ich aufgrund meines starken Glaubens und Gott und die Mutter Jesu durch. Sie waren für mich immer meine lieben Eltern. Wenn ich sie brauchte oder bei mir haben wollte, so ging ich immer in unsere kleine Kirche, die sich innerhalb des Waisenhauses befand."* Das half ihr, mit ungewöhnlich harten Lebensbedingungen und Misshandlungen fertig zu werden. In der Nähe des Heims besuchte sie eine Schule. Sie war neun Jahre alt, als sie eines Tages nach einem Unwohlsein nach Hause geschickt wurde und auf dem Weg Folgendes erlebte:

„Bevor man ins Waisenhaus hineinging, musste man eine Straße, die durch Ampel geregelt wurde, überqueren. Als ich bei Grün über die Straße ging, wurde ich von einem Auto erfasst. Ich flog durch die Luft und prallte mit meinem Kopf gegen das fahrende Auto. Durch den starken Aufprall bekam ich plötzlich keine Luft mehr, hatte aber keine Schmerzen. Dann wurde es dunkel und ich muss wohl in tiefe Ohnmacht gefallen sein. Es wurde immer dunkler. Mein Körper schwebte wie eine Schiffschaukel hin und her, aber langsam nach unten. Es war absolute Stille und trotzdem sehr beruhigend und schön. Mein Körper befand sich in einer Liegestellung. Doch plötzlich sah ich ein kleines helles warmes Licht, es kam mir vor, als wäre dort meine Reise im Dunkel am Ende und würde ich dann ins Licht einschweben, was auch so geschah.

In der dunklen Schwebephase spürte ich keine Kälte oder Ängste. Als ich ins Licht eintauchte, eröffnete sich mir ein Bild der unendlichen Reinheit und Schönheit. Ich lief dann über eine wunderschöne farbenreiche Wiese. Es befanden sich lauter leuchtend bunte Blumen darauf. Sie waren so hoch gewachsen, dass gerade noch mein Oberkörper zu sehen war. Ich trug ein langes weißes Kleid und hatte einen Blumenkranz in meinem langen Haar. Aber ich hatte doch kurzes Haar gehabt! Meine Bewegungen verliefen wie in Zeitlupe. Als ich ins Licht blickte, brauchte ich nicht mit den Augen blinzeln, weil das Licht so unbeschreiblich schön war. Das Licht war für mich nicht richtig gelb, sondern orange-gelb, und der Himmel selbst war ganz hell-weiß blau. Die Farben der Wiese sowie der Blumen waren sehr leuchtend intensiv und kräftig.

Ich lief hin und her, aber jetzt ohne Zeitlupengefühl, und sprang und drehte mich vor lauter Freude. Dann bemerkte ich, dass ich dort ganz alleine gewesen bin. Ich sah keine Bäume, keine Tiere, keine anderen Wesen (Menschen). Es war mir egal, ich sah mich nur als glückliches kleines Mädchen. Ich glaube einfach, dass ich sagen kann, dass ich einen Blick in den Himmel sehen durfte. Es war ein Geschenk Gottes.

Dann rief mich jemand und sagte immer wieder ‚komm zurück, Kleines, komm zurück'. Es war eine ältere, aber sanftmütige Stimme. Aber ich wollte nicht zurück in die Realität. Ich versuchte mich krampfhaft gegen die sanfte Stimme zu wehren. Als ich dann endgültig zu mir kam, sah ich, wie mich ein Mann mittleren Alters von der Straße aufhob und mich auf eine Bank hob und dann noch sagte, ‚die Kleine muss sofort ins Krankenhaus gebracht werden'".

Ingrid sprang aber auf und lief direkt zurück ins Kinderheim. Sie hörte noch, wie die ältere Dame, deren „sanftmütige Stimme" sie zurückgerufen hatte, sagte: „Es ist ein Wunder geschehen".

„Dieses Erlebnis habe ich immer tief in meinem Herzen behalten. Als ich älter wurde, habe ich es einfach weggesteckt." Nun ist Ingrid froh darüber, dass sie es erzählen kann.

22. Keine Schmerzen mehr

Elke K. aus dem Emsland, etwa vierzig, schreibt über ein Erlebnis ihres verstorbenen Mannes:

„Seit einem tragischen Ereignis 1984 – mein Freund nahm sich 19-jährig das Leben – interessiere ich mich für die The-

men, die sich mit dem Leben nach dem Tod und auch mit ungeklärten Todesfällen beschäftigen. Ich verschlinge Bücher mit diesen Themen regelrecht und bin immer auf der Suche nach neuen Büchern. Ich war auch immer skeptisch, ob diese Erlebnis- und Erfahrungsberichte glaubwürdig sind. Bis mein Mann mir Dinge erzählte, die er selber erlebt hatte. Er wusste nicht, dass ich solche Bücher lese, daher glaube ich ihm.

Er hatte 1977 mit 12 Jahren einen schweren Verkehrsunfall, bei dem er schwer verletzt wurde und im Koma lag. Er erzählte, dass er aus seinem Körper gezogen wurde und auf ein weißes, wunderschönes Licht zuschwebte. Er hatte keine Schmerzen mehr und wollte nicht mehr zurück.

Er war sein ganzes Leben traurig, weil er zurückgeholt wurde. Er erzählte mir auch, wenn er wollte, konnte er aus seinem Körper austreten und im Haus umherschweben. Er schaute dann nach seinen Kindern ...

Mein Mann kann diese Geschichte leider nicht mehr bestätigen, er ist im April 1997 mit dem Motorrad tödlich verunglückt.“

Es scheint, dass Elkes Mann eine ähnliche Fähigkeit besaß, willentlich Außerkörpererlebnisse bei sich hervorzurufen wie der Amerikaner Monroe, den wir im Bericht von Herbert Fiedler (13.) erwähnt haben.

23. Die Retter beschimpft

Dr. med Karl Rosenfeld aus Helmstedt erzählt die folgende bewegende Geschichte:

„Am 6. Juni 1944 wurde ich als 19-jähriger Soldat in der Stadt Caen in der Normandie bei einem Bombenangriff durch Volltreffer in einem Haus verschüttet. Das Ereignis fand etwa gegen 14.00 Uhr statt, um 16.00 Uhr wurde ich von zwei Franzosen befreit. Diese zwei Stunden kamen mir wie der Bruchteil einer Sekunde vor, in der ich nicht nur mein Leben noch einmal erlebte, sondern in der ich Unsagbares und Unvorstellbares erfuhr, das ich nicht beschreiben kann.“

Einzelheiten sind Dr. Rosenfeld entfallen, mit einer Ausnahme:

„In guter Erinnerung ist mir aber noch, dass ich mich in einem sehr langen Gang befand, der rechts und links begrenzt war von sehr hohen Säulen, deren obere Begrenzung nicht zu erkennen war. Am Ende des Ganges war ein kleines weißes Licht. Alles war aber erfüllt von einem sehr klaren Licht in einer Stärke und Helligkeit, die wir uns nicht vorstellen können. Ich befand mich in diesem Gang ganz allein aufrecht stehend und war von einem unbeschreiblichen Glücks- und Seligkeitsgefühl erfüllt."

Da geschah aber noch etwas nach der Rettung, an das sich Dr. Rosenfeld nicht mehr erinnern konnte. Merkwürdigerweise behielt er nur ein schlechtes Gewissen zurück.

„Dieses schlechte Gewissen trieb mich Jahrzehnte lang, diese beiden Männer zu finden, um zu erfahren, wie ich an ihnen schuldig geworden war. Am 40. Jahrestag des Beginns der Invasion gelang mir das mit Hilfe des französischen Fernsehens. Ich erfuhr, dass ein Retter schon bald nach Kriegsende gestorben war, und der zweite (der Bürgermeister eines benachbarten Ortes von Caen) meldete sich bei mir; leider ist er inzwischen auch schon verstorben. Es war aber eine sehr, sehr herzliche Freundschaft entstanden mit gegenseitigen Besuchen und lebhaftem Schriftwechsel. Er war für mich ‚mon Papa' und ich war ‚mon ami'. Mit seinem Sohn, der einen Monat älter ist als ich, und dessen Familie stehe ich in Korrespondenz."

Was war aber nun geschehen, als der Soldat Karl – nicht zwei Stunden, sondern zwei Tage lang verschüttet – aus den Trümmern gezogen wurde und das er seither als unangenehm empfand?

„Das ‚Unangenehme' bestand darin, dass ich nach der Rettung meine Retter auf das Böseste und Gemeinste beschimpfte. Ich machte ihnen schwere Vorwürfe, dass sie mich aus der Ewigkeit wieder zurückgeholt haben und ich diesen billigen Tanz hier auf Erden wieder weiter machen musste. Da sie mich aber nicht verstanden (sie waren Franzosen und ich sprach

deutsch) guckten sie mich bloß an und freuten sich wohl ob
ihrer guten Tat. Darauf reagierte ich wieder mit Unverständ-
nis und rannte auf die Orne zu, um mich darin zu ertränken.
Sie kamen aber hinterher und hielten mich fest, bevor etwas
passieren konnte. Einen vorüberfahrenden deutschen Panzer
zwangen sie, unter eigener Lebensgefahr, anzuhalten, um mich
der Besatzung zu übergeben."

24. Unbeschreibliche Helligkeit

Frau Maria V. aus der Nähe von Bielefeld erzählte in der
Diskussion nach einem Vortrag, den ich in einem Krankenhaus hielt, von einem Erlebnis, das sie dann auf meine Bitte
hin schriftlich wiedergegeben hat.

„Es war vor ca. 35 Jahren, als ich einen gynäkologischen
Eingriff machen lassen musste. Zunächst bekam ich eine Sprit-
ze, die aber nicht zur Narkose ausreichte, und der Arzt griff zur
Äthermaske. Dagegen wehrte ich mich heftig, weil mir schon
beim Geruch von Äther speiübel wurde. Auf meine Bitte hin
gab mir der Arzt eine zweite Spritze. Ich muss lange bewusstlos
gewesen sein, denn als ich im Krankenzimmer aufwachte, sagte
mir die Bettnachbarin, dass der Arzt bei halboffener Tür auf
dem Gang hin und her gegangen sei, wohl in der Sorge, ob ich
wieder zu mir käme oder nicht.

Mir ist dann die Erinnerung an das Erlebte gekommen,
nämlich ein Schwebezustand und der Eindruck, einen unend-
lichen Raum zu durchfliegen, der aus einer unbeschreiblichen
Helligkeit bestand. Das Licht war nicht etwa grell, sondern
eher himmlisch schön. Wie lange dieses Erlebnis gedauert hat,
weiß ich nicht zu sagen; auch kann ich nicht behaupten, dass
ich ein außerordentliches Glücksgefühl empfunden hätte, aber
ich hatte auch keine Angst.

Als jemand, für den das Jenseits selbstverständlich existiert,
habe ich mir diese Vision als einen kurzen Einblick in die
übernatürliche Welt erklärt, die uns Lebenden normalerweise
nicht zugänglich ist. Das ist auch heute noch meine Meinung,

nachdem ich aus Berichten über Erlebnisse anderer Menschen, die in Todesnähe waren, gehört habe."

25. Wie das Reißen eines Vorhangs

Margrit Schwenzner aus der Nähe von Hannover erinnerte sich 1999, damals 87 Jahre alt, an eine traumartige Vision, die sie vor vielen Jahrzehnten hatte, die aber nach ihrer festen Überzeugung kein Traum gewesen ist, *„man erinnert sich nicht ein Leben lang an einen Traum in einer derartigen Intensität":*

„Ich war eine junge Frau und mir träumte, ich wäre in einem herrlichen, lichten Raum, in dessen hinterem Teil auch einige Pastellfarben leuchteten. Dort stand eine entfernte kleine Gestalt, gekleidet bunt wie ein Clown, mit einem spitzen Hut, der eine lange Stange langsam in die runde schwang, und ich wußte, wenn die Spitze der Stange auf mich zeigen würde, würde ich sterben, oder jedenfalls mich auflösen. Aber kurz bevor es dazu kam, wachte ich auf." Sie fügt hinzu, daß es zu dieser Zeit nichts gegeben habe, was diese Vision ausgelöst haben könnte.

„Einige Jahrzehnte später kam ich abends spät nach Hause nach einem langen arbeitsreichen Tag und war sehr müde, mußte aber noch mit dem Hund gehen. So nahmen wir einen Weg, der auf der einen Seite Gärten und Bäume hatte, auf der anderen einen Staketenzaun mit einem großen Kornfeld dahinter. Es war eine wundervolle Vollmondnacht. Ich lehnte mich gegen den Zaun und blickte völlig entspannt auf das Korn im Mondschein. Plötzlich war es wie das Reißen eines Vorhangs und ich stand völlig losgelöst in einem herrlichen lichten Raum. Es war ein wundervolles Gefühl – wie lange wohl? –, wurde aber plötzlich unterbrochen davon, daß der Hund an der Leine zog und mich in die Wirklichkeit zurückholte. Leider." – In der Literatur nennt man so etwas eine „romantische Ironie". Heinrich Heine hatte eine Vorliebe dafür, vielleicht angeregt durch ähnliche Erlebnisse, die er selbst hatte oder die ihm erzählt wurden.

Frau Schwenzner schreibt, daß beide Vorgänge sie unvergeßlich beeindruckt haben. Zwar hatten sie keine unmittelbaren Auswirkungen auf ihr Leben, wohl aber "auf die Erweiterung meines Bewußtseins". Beachtenswert ist, dass sie in dem zweiten Erlebnis weder objektiv noch subjektiv in Todesnähe gewesen ist; wir können aber trotzdem von einer Nahtoderfahrung sprechen.

26. Gefühl des Schwebens und der Leichtigkeit

Helga S. aus Erlangen hat vor einigen Jahren ein besonderes Erlebnis in einer Tagebuchnotiz festgehalten. *„In dem Heft, in dem ich über ca. 4 Jahre Eintragungen mache, steht nur ein Traum, d e r Traum ... Ich hatte den Traum in einer ganz normalen Zeit, ohne Krankheit oder unter extremer Belastung."* Hier der Wortlaut:

„05.06.1996.

In der vergangenen Nacht hatte ich einen Traum, den ich k ö r p e r l i c h ganz intensiv erlebt habe:

Ich liege im Bett und weiß, dass ich sterben soll, ,man' erwartet es von mir. Ich spüre, wie alles schwer und kraftlos wird. Ich meine, jetzt ist es gleich so weit, dass ich tot bin – die Kraftlosigkeit hört auf und ich denke: ,Es hat nicht funktioniert und ich lebe noch'. Dabei freue ich mich nicht, bin auch nicht traurig, keine Gefühle.

Gleich darauf wiederholt es sich, ich soll sterben, weil ,man' es erwartet. Ich liege auf eine Tür ausgerichtet. Die Tür ist geschlossen und hat eine Glasscheibe im oberen Bereich. Hinter dem Fenster sehe ich einen größeren und einen kleineren hellen Kreis oder Schein. Davon geht so etwas wie ein Sog aus. Ich spüre eine körperliche Leichtigkeit, ein ,Abheben' auf die Tür zu und sage: ,Jetzt sterbe ich und empfinde es als unbeschreiblich schön'.

Ich wache auf und bedaure, dieses herrliche Gefühl des Schwebens und der Leichtigkeit nicht mehr zu spüren. Das

Gefühl war unbeschreiblich schön."Der Tagebucheintragung
fügt Frau S. noch hinzu:

*„Dieser Traum begleitet mich seitdem. Ich habe nur mit
wenigen Personen darüber gesprochen und hüte ihn als Kost-
barkeit. In Ihrem Buch finde ich ‚Schlüssel‘, um mir über
Bibelstellen etwas vorstellen zu können. Ich bin evangelisch und
gehe vielleicht fünfmal jährlich in die Kirche. Zum Beispiel das
Wort aus der Bibel ‚Gott ist die Liebe und wer in der Liebe
bleibt, der bleibt in Gott und Gott in ihm …‘ sagt mir jetzt
etwas, nachdem ich das Buch* (‚Ich war tot‘. Ein Naturwissenschaftler untersucht Nahtod-Erfahrungen, d.V.) *gelesen habe
– vorher nichts.“*

27. Das Licht wärmte

Ingrid R. wohnt mit ihrem Mann in Sachsen-Anhalt und
hat zwei herangewachsene Kinder. Im März 1998 hatte sie
einen schweren Verkehrsunfall, bei dem ihre mitfahrende
Arbeitskollegin und Freundin Jutta verstarb.

*„Es war ein Sonntag, wir beide hatten Spätdienst in einem
Altenheim. Jutta kam mit ihrem Auto zu mir, sie stieg dann
um in meinen Wagen und wir fuhren froh gelaunt zum Dienst.
Es war ein schöner Tag im März.*

*21.30 Uhr hatten wir Dienstende. Es war zwar kalt gewor-
den, aber die Straßen waren zu dieser Zeit nicht glatt. Wie ich
heute weiß, änderte sich das von einer Stunde zur nächsten. Auf
dem Heimweg passierte das für mich noch heute unfassbare
Unglück – ich kam von der Straße ab und prallte gegen einen
Baum.*

*Das einzige, was ich noch weiß, ist, dass sich das Auto
gedreht hat. Dann wurde es hell, sehr hell. Ich sah einen langen
Gang – doch ich konnte nicht hinein, ich stand wie angewur-
zelt vor diesem hellen Gang. Nein, Angst hatte ich keine, ich
hörte auch keine Stimmen und sah keinen Menschen. Es war
nur dieses unendlich viele Licht zu sehen.“* Später beschreibt
Ingrid R. diesen Augenblick noch einmal so: *„Plötzlich war*

alles ruhig und leise und ein wunderbares warmes Licht ließ mich in einen Tunnel hineinsehen. Ich fühlte mich wohl, obwohl ich alleine war und auch das Gefühl hatte, nicht gehen zu können. Das Licht wärmte und ich hatte keine Angst."

Ingrid R. hatte bisher niemanden etwas von diesem Erlebnis erzählt. „Irgendwie hatte ich Angst, das zu erzählen, was ich erlebte. Es war auch nicht der richtige Gesprächspartner da. Auch dem Pastor unserer Gemeinde, der mich nach dem Unfall besuchte, konnte ich dieses nicht anvertrauen."

Ob wohl das Licht von den Scheinwerfern des Autos herrührte? Mit der Erkenntnis, dass es sich um ein Nahtoderlebnis handelte, ist diese Frage negativ entschieden.

Die Frage aber „warum Jutta und nicht ich?" blieb bestehen. Sie überschattete das schöne Erlebnis des „wunderbar warmen Lichtes". Auch wenn man kaum von objektiver Schuld sprechen kann – wer hat nicht schon einmal die Glatteisgefahr falsch eingeschätzt? – so stellten sich doch Schuldgefühle ein, vor allem aber Trauer und Schmerz um den Tod der Freundin und die Folgen für deren Familie. Erfreulicherweise brachte man ihr dort Verständnis entgegen:

„Seit einem halben Jahr habe ich Kontakt mit der Mutter von Jutta – wir trafen uns am Grab, wo ich sehr oft hinfahre, um Jutta nahe zu sein. Weder von der Mutter noch von der Familie Juttas kamen irgendwelche Vorwürfe. Die Mutter ... hat einen großen Verlust erlitten – und dennoch nimmt sie mich jedesmal in den Arm, wenn ich komme, und tröstet mich. Von ihr weiß ich auch, dass die Kinder und der Mann weiter leben wie bisher. Auch dieser Gedanke gibt mir Kraft, mit der Trauer fertig zu werden. Als ich im Krankenhaus erfahren hatte, dass Jutta nicht mehr lebt, wollte ich auch nicht mehr leben. Nur die Unterstützung meiner Familie, ganz besonders meiner Mutter, und das Bewusstsein, gebraucht zu werden, gab mir die Kraft, den Gedanken zu vergessen. Und doch habe ich eine schwere Last zu tragen."

Bei der Bewältigung dieser Last spielt auch der Glaube eine Rolle:

„Ich glaubte schon immer an Gott. Der Glaube ist aber nach dem Nahtoderlebnis viel intensiver geworden ... Für mich kann ich sagen, dass dieses Nahtoderlebnis wie ein Sonnenaufgang in einer kalten, dunklen und lauten Welt war. Es hat mich harmonisch gestimmt, mir Gott so nahe gebracht."

Ingrid R. fügt hinzu, dass man auch die Träume, die man nach einem solchen Ereignis träumt, nicht verkennen sollte, wenngleich sie deutlich von einer Nahtoderfahrung zu unterscheiden sind. *„So träumte ich, dass Jutta und ich gemeinsam in ihrer Stube auf dem Sofa saßen. Auf einmal umarmte sie mich und sagte mir wortwörtlich: ‚So, Ingrid, das haben wir auch überstanden'. – Ich weiß, dass mir dieser Traum von Gott geschenkt wurde."*

28. In mir war grauenhafte Angst

Frau W. K. aus Berlin wurde 1961 zur Tertiarin der Franziskanischen Gemeinschaft ernannt. Zu einem sehr bewegten Leben, über das sie mir 1999, damals 90-jährig, einen ausführlichen Bericht anvertraut hat, gehört auch die folgende Erfahrung:

„Ich denke zurück an ein Erlebnis 1939 oder 1940. Meine jüngste und vierte Tochter war noch nicht geboren. Es war nachts. Ich träumte und schien doch hellwach. Ich stand vor einer Höhle, in die ich hineingehen wollte. Da sagte eine Stimme zu mir: ‚Da kannst du nicht hineingehen ohne einen Schleier'. Und ich spürte, wie mir ein Schleier umgelegt wurde. So betrat ich die Höhle. In mir war grauenhafte Angst. Rechts und links zu beiden Seiten glitten Raubtiere dahin. Und wieder hörte ich die Stimme: ‚Du darfst keine Angst haben'. Und ich überwand alle Furcht und schwebte dahin in einer unendlichen Glückseligkeit. Und wieder hörte ich die Stimme: ‚Da, nimm den Stuhl und setz dich!' Ich erwachte mit dem Erschrecken: ‚So weit darfst du nicht wandern. Deine Kinder brauchen dich'. Als ich wieder zu mir kam, war ich eiskalt, als hätte sich für geraume Zeit die Seele vom Leib gelöst."

Teilweise ist diese Vision aus der Biografie von Frau W. K. heraus verständlich: Sie war mit einem katholischen Mann standesamtlich verheiratet, der drei in die Ehe mitgebrachte Kinder akzeptierte. Bei seiner Einberufung in den Krieg, ein halbes Jahr nach der standesamtlichen Trauung, sagte er: *„Wenn ich im Krieg falle, sterbe ich in einer Todsünde."* Frau W. K. war protestantisch, aber nicht kirchlich erzogen. Sie hatte sich intensiv mit Buddhismus beschäftigt (gemeinsam mit dem Vater ihrer Kinder) und gab nur widerstrebend die Einwilligung zur kirchlichen Trauung, um ihren Mann in dieser Situation von dem seelischen Druck zu befreien. Als ihr Mann aus dem Krieg zurückkam, verlangte sie die Scheidung. Nach der Scheidung *„wurde mir klar, dass ich trotz aller fraulichen Sehnsüchte mich nie mehr an einen Mann binden durfte, da die Ehe sakramental gebunden war. So war der Schleier mein Los. Um der Kinder willen, die katholisch getauft wurden, konvertierte ich mit dem größten inneren Widerstand, ohne zu ahnen, welche Gnade dieser Weg für mein ferneres Leben war".* Die Aufforderung im Visionserlebnis „nimm den Stuhl und setz dich" bringt sie mit dem Stuhl Petri in Verbindung und mit ihrem Weg, Katholikin zu werden. So spiegelt sich also im genannten „Traum" eine tiefe innere Auseinandersetzung, wie das für Träume nicht ungewöhnlich ist.

Gleichwohl ist damit nicht alles gesagt. Es gab auch ein Dahinschweben „in einer unendlichen Glückseligkeit". Später ergänzt Frau W. K.: *„Ich schwebte dem Licht entgegen in einer unendlichen Glückseligkeit. Ich empfand das als Verlassen der Seele meines physischen Leibes."* Hier geht also der Traum in ein Nahtoderlebnis über; es ist schwer – und sicher willkürlich – die Grenze zwischen beiden Erlebnisweisen zu ziehen.

29. Mein Leben hat sich sehr verändert

Enthielt der vorige Bericht wenigstens ein kurzes Lichterlebnis, so finden sich in der folgenden Schilderung weder Außerkörpererlebnis noch Tunnel noch Lichterfahrung noch Begegnung mit einer Gestalt, auch kein Lebensfilm. Dennoch kann man von einer Nahtoderfahrung sprechen, wie das auch Christoph Wohlgemuth aus Landshut empfindet (Bericht von 1999):

„Mein Name ist Christoph und ich werde demnächst 32 Jahre alt, oder anders gesagt, ich bin Ende Januar noch einmal zwei Jahre alt geworden. Ich lese nicht sehr viele Bücher, denn dazu geht mir wirklich die Zeit ab. Aber gelegentlich finde ich mich in einem örtlichen Buchgeschäft wieder, wie ich mich dabei ertappe, nach irgendwelchen Büchern zu stöbern. Ich bekam eine richtige Gänsehaut, als ich auf Ihr Buch stieß und es dann kaufte. Da Sie in Ihrem Schlusswort dazu auffordern, Ihnen ähnliche Erlebnisse zu schildern, will ich Ihnen kurz von meinem ,Tod' erzählen.

Ich bin sehr sportlich und seit nunmehr gut 27 Jahren aktiv dem Eishockeysport verbunden. Ich hatte aufgrund meiner guten Verfasssung nie größere Krankheiten, nie größere gesundheitliche Probleme, bis vor zwei Jahren. Ich saß mittags noch in einem Café und trank eine Tasse Espresso. Ich ging zurück ins Büro, in dem ich an einem PC als technischer Zeichner arbeite. Es verlief alles normal, bis ich dann urplötzlich, aus heiterem Himmel, ganz ohne Vorwarnung von meinem Stuhl fiel. Herzstillstand.

Meine Arbeitskollegen riefen sofort nach einem Notarzt, und wie es der Zufall so will, konnten sie direkt vor der Haustür einen Krankenwagen aufhalten. Es war riesiges Glück für mich, und so konnte ich auch noch im Krankenwagen wieder zum Leben reanimiert werden. Ich fiel für gut eineinhalb Wochen in ein tiefes Koma, das ich aber ohne irgendwelche Probleme überstand.

Bis kurz vor dem Herzstillstand (der dann letztlich 6 Minuten andauerte) geht mein Erinnerungsvermögen, dann erst wie-

der ca. zwei Wochen danach. Die Zeit dazwischen sehe ich als vollkommene Leere. Das sogenannte weiße Licht und diesen Tunnel habe ich nicht gesehen.

Und doch hat sich mein Leben seither sehr verändert. Meine Emotionen, mein Empfinden sind sensibler und sehr viel intensiver geworden. Ich bin ruhiger geworden, rege mich nicht mehr sinnlos über Dinge auf, die mich früher sehr viel schneller in Rage gebracht haben. Ich freue mich nun über Dinge, die ich früher kaum mehr bewusst wahrgenommen habe. So freut es mich zum Beispiel, die Geräusche der Natur zu registrieren, wenn Vögel singen oder wenn die Sonne aufgeht. Natürlich habe ich das früher auch bemerkt, aber jetzt empfinde ich Freude daran. Andererseits nimmt es mich um ein Vielfaches mehr mit, wenn etwas Trauriges passiert. Beispielsweise hat mich vor Kurzem die Trennung von meiner Freundin monatelang zurückgeworfen. So schlimm empfand ich solche Momente früher nie.

Es ist einfach schwer, derartige Momente in Worte zu fassen, aber ich kann Ihnen versichern, es hat mein Leben total verändert. Ich bin ein ausgeglichener Mensch geworden, ich liebe das Leben mit all seinen Höhen und Tiefen, und genauso habe ich die Angst vor dem Tod abgelegt. Ich sehe den Tod nicht mehr als schlimme Sache an, sondern als Teil unseres Daseins."

Man weiß, dass nur ein geringer Teil dessen, was wir träumen, in unser Bewusstsein vordringt. Ähnlich lässt sich annehmen, dass auch manche Nahtodvision unbemerkt bleibt, wenngleich sich bewusste Nahtoderlebnisse durch besondere Klarheit und scharfe Erinnnerung auszeichnen. Man kann nicht alles in ein System zwängen. Bei Christoph Wohlgemuth deuten die Nachwirkungen auf eine verborgene Nahtoderfahrung hin. Gewiss, das plötzliche und langanhaltende Koma kann als schockartige Lebenserfahrung rein psychologisch gesehen das Leben verändert haben. Auch dann war es ein einschneidendes Erlebnis in Todesnähe. Dass aber Christoph Wohlgemuth die Angst vor dem Tod verloren hat, unterstützt die Vermutung, dass in der

Zeit des Komas weit mehr geschah, als seine Erinnerung registriert hat.

30. Wollte den aussichtslosen Kampf mit der Sucht beenden

Rita Groß-Grevenbroich aus Südhessen hat in ihrem Nahtoderlebnis nicht nur Freude, sondern auch Schreckliches erlebt. Sie schildert im folgenden Bericht von 2005 eindringlich Hintergrund und Bedeutung der verschiedenen Phasen ihrer Erfahrung. Symbolhaftes Erleben spielt dabei eine besondere Rolle.

„Ich bin seit ca. 30 Jahren Lehrerin und habe seinerzeit sehr unter Alkoholproblemen gelitten, die ich recht gut verstecken konnte, da ich während der Schulzeit meist trocken blieb, während der Ferien allerdings immer wieder Rückfälle in die Sucht erlitten habe. Es gelang mir trotz erheblicher Kraftaufwendung nicht, mein Problem in den Griff zu bekommen. Dass ich dazu Hilfe benötigt hätte, wollte ich mir nicht eingestehen. Die immer wiederkehrenden Rückfälle führten zu Depressionen, die mir die Kraft, das Selbstwertgefühl und den Lebensmut raubten. So hatte ich schon manchmal daran gedacht, meinem Leben ein Ende zu setzen.

Ein heftiger Rückfall während der Schulzeit bewirkte, dass ich Ende August 1999 vorher besorgte Tabletten einnahm, um – wie ich glaubte – den aussichtslosen Kampf mit der Sucht endgültig zu beenden. Mir erschien der Zwang zum Trinken wie ein Dämon, der mich trotz aller Gegenwehr fest umklammert hielt. Ich nahm am frühen Nachmittag 100 Tabletten ‚Phenaemal' ein, das ist ein Phenobarbital zur Beruhigung des zentralen Nervensystems, das in kleinen Dosen Epileptikern verabreicht wird. Ich wusste, dass bereits ein Dosis von 30-50 Tabletten ausreichen würde, das zentrale Nervensystem zu lähmen, und zum Tode führen würde. Ich wollte sicher gehen, nicht weiter leben zu müssen.

Nach der Einnahme legte ich mich auf ein Sofa und verlor

bald das Bewusstsein. Wie man mir später berichtete, fanden danach noch einige erstaunliche paradoxe Reaktionen meinerseits statt, von denen ich nichts mehr weiß, die es Anderen allerdings schwer machten, meinen Zustand richtig einzuschätzen. So konnte mein Mann erst am nächsten Morgen feststellen, dass ich bewusstlos war und nicht mehr sichtbar atmete.

Meine Nahtoderfahrung im Zustand des Tiefkomas bestand aus drei sehr unterschiedlichen Phasen. In der e r s t e n P h a s e konnte ich ein sehr positiv empfundenes Erleben verspüren. Ich schwebte vollkommen intakt, aber körperlos in einem strahlenden, blauen Raum. Ich fühlte mich frei, schmerzfrei, angenommen und glücklich. Der Raum war weit, hell und warm. Ich genoss diesen Schwebezustand sehr, als ich unvermittelt von einer wunderbar weichen und liebevollen Stimme angesprochen wurde. Ich konnte niemanden ausmachen, zu dem die Stimme gehörte. Diese Stimme sprach mich auf meine Lebensprobleme an und stellte ohne Vorwurf oder Verurteilung fest, warum ich meinem Leben ein Ende gesetzt hatte. Sie fragte mich aber, ob ich noch einmal ins Leben zurück wolle und versprach, mir dabei zu helfen, ein neues, besseres Leben zu führen – ohne Sucht. Ich müsse allerdings durch Dunkelheit gehen, Prüfungen überstehen. Wenn ich eine bestimmte ‚Formel' fände, würde mir jedoch immer Hilfe zuteil. Ich stimmte zu; denn dieser Stimme schenkte ich vollstes Vertrauen. Ich hielt sie für einen ‚guten Arzt', der mich nicht verlassen würde. Danach durfte ich noch eine Weile schweben, bis ich erneut in einen Zustand der Bewusstlosigkeit versank. Im Nachhihein kommen mir die bewusstlosen Pausen zwischen den einzelnen Phasen wie Ruhepausen vor, in denen ich Kraft schöpfen konnte für das Kommende.

Die z w e i t e P h a s e meiner Nahtoderfahrung kann als ‚Nahpanikerlebnis-Nahtoderlebnis' angesehen werden. Sie enthält verschiedene erschreckende Visionen, die Angst bis zu Panik in mir hervorriefen. Ich will nur kurz die Situation verdeutlichen, obwohl mir dieses Erleben sehr lang andauernd vorkam: Ich befand mich in einem unheilvoll anmutenden Haus, in dem ich nach unten gezogen wurde. Ich war gefangen, wie gelähmt und wollte fliehen. Dort traf ich auf unheilvolle Gestalten, die mir deutlich machten, dass ich keine Chance hätte, dort wieder weg zu kommen, was meine Angst und Lähmung noch steigerte. Als ich in einem schmutzig-weißen Raum bewegungsunfähig und allein gelassen war, konnte ich auf der gegenüberliegenden Wand einen winzigen schwarzen Fleck erkennen, den ich anvisieren musste. Dieser Fleck, der mich zu Beginn der Situation an Fliegendreck erinnerte, wuchs im Zeitlupentempo und zeigte sich mehr und mehr als kaltes, schwarzes Loch, in das ich sicherlich hineingesogen würde, um im ‚Nichts‘ gänzlich zu verschwinden. Je größer das schwarze Loch wurde, desto unermesslicher wurde meine Angst. Niemandem wünsche ich jemals, in solch einer Schwärze für immer verschwinden zu müssen, ausgelöscht zu werden. In meiner Panik begann ich schließlich, Gebete zu stammeln. Ich erinnere mich gut an die Worte, die ich benutzte:,Im Namen des Vaters und des Sohnes und des Heiligen Geistes!‘ und ‚Herr, hilf!‘ Zu zusammenhängendem Gebet war ich nicht fähig, ich konnte nur stammeln und stottern. Das schwarze Nichts war inzwischen schon sehr groß und sehr nah; doch indem ich betete, wuchs es nicht mehr. Plötzlich tauchte am unteren Rand des Raumes ein Kreuz auf, das sich langsam in einem Halbkreisbogen zwischen das schwarze Loch und mich schob. Es war ein grobes Holzkreuz, das aber wunderbar strahlte und mir Hoffnung und Rettung vermittelte. Ich hatte nun keine Angst mehr, dachte sofort an die liebevolle Stimme aus meinem ersten Erlebnis und wusste, dass ich die erlösende Formel gefunden hatte. Mein ‚guter Arzt‘ hatte mich nicht verlassen und würde mich befreien. Ich betete ohne Unterbrechung und sah, dass sich das schwarze Loch genau so langsam wieder verkleinerte, wie es vorher gewachsen war. Ich wurde immer ruhiger und zuversichtlicher und hatte das Gefühl, nichts und niemand könne mir nun noch Schaden zufügen. Ich erinnerte mich an die Worte, die ich im ‚blauen Raum‘ wahrgenommen hatte über Prüfung und Dunkelheit, durch die ich hindurch müsste; und nun empfand ich eine ungeheure Klarheit über meine gesamte Situation.

Nach weiteren Geschehnissen, die ich hier überspringen wer-
de, weil sie nun für mich nicht mehr wichtig waren, da ich
meine ,Lebensspur' gefunden hatte, fand ich mich in einem
engen Tunnel, und ich wusste, durch diesen Tunnel hindurch
würde ich zu neuem Leben gelangen. Ich wurde darauf in
großer Geschwindigkeit durch den langen Tunnel geschickt.
Nach einer kurzen Pause sah ich mein gesamtes Leben wie in
einem Schwarz-Weiß-Film sehr schnell an mir vorüber ziehen,
bei dem ich nicht mehr beteiligt, sondern Zuschauer war. Ich
konnte die verschiedensten Lebenssituationen wertfrei betrach-
ten und stellte erstaunt fest, dass mein Leben gar nicht so ne-
gativ gewesen war, wie ich es vor meinem Suizidversuch emp-
funden hatte. Zum Schluss des Films konnte ich sehen, wie ich
die Tabletten schluckte und mich hinlegte, um auf den Tod zu
warten. Danach trat wieder eine längere Pause ein, in der ich
,bewusstlos' war.

D r i t t e P h a s e. Danach befand ich mich wieder in einer
anderen Umgebung. Um mich herum war alles neblig, schwer
zu erkennen. Ich nahm einen schlammigen, schlecht begehba-
ren Weg wahr, der vor mir lag. Ein umgekippter Baum, dessen
Wurzeln und Stumpf noch fest im Boden verankert waren,
dessen Stamm, Äste und Rinde aber verstreut herumlagen – so
als hätte ein Blitz ihn getroffen – war mitten auf dem Weg zu
erkennen. Ich wusste sofort, dass dieser Baum mein Leben dar-
stellte. Dieses Leben schien zerstört, hatte aber noch lebensfähige
Wurzeln und war noch fest in der Erde verankert. Ganz lang-
sam, im Zeitlupentempo, fügte sich nun der Baum wieder
zusammen und wurde zu einer kräftigen, gerade gewachsenen,
hohen Tanne. Gleichzeitig verzog sich der Nebel um mich
herum und die Umgebung gewann zunehmend an Farbe. Die
Tanne in der Mitte bekam ein gesundes Grün, der Weg selbst
wurde gut begehbar und führte nun gerade durch den Wald bis
zum Horizont, an dem ein wunderbares, hell leuchtendes Licht
erschien. Es zog mich magisch zu diesem Licht hin. Ich wusste
aber, dass ich dieses Licht erst erreichen kann, wenn ich mein
Leben bis zum vorbestimmten Ende gelebt haben würde. Ich
wusste auch, dass die Bäume des Waldes um mich herum

Menschen symbolisierten, die mich auf dem Weg zum Licht begleiten würden.

Dieses Bild empfand ich als sehr schön und beruhigend, und ich schaute mir ‚meine Tanne' näher an. Da nahm ich plötzlich Gesichter zwischen den Zweigen wahr. Es handelte sich um Kindergesichter, die mich freundlich anlächelten. Mir war sofort klar, dass diese vielen Kinder meine noch nicht erledigte Aufgabe sein würden, und ich freute mich darauf, auch wenn sie mich noch daran hinderten, zum Licht zu kommen.

Dieses wunderschöne Bild habe ich oft vor Augen, wenn ich in der Schule mit meinen Kindern arbeite, und es schenkt mir wieder die Kraft, mit diesen Kindern so umzugehen, wie es eine ‚Lebensaufgabe' oder ‚Berufung' erfordert.

In den höheren Ästen sah ich weitere Kinder mit südamerikanischen Gesichtern und ganz weit oben im Wipfel des Baumes einige Bücher. Heute bin ich überzeugt, davon, dass auch diese Kinder in meinem Leben eine Rolle spielen werden. Durch ‚Zufall' bekam ich Kontakt zu einer Frau, die in Bolivien ein Heim für Straßenkinder errichtet hat. Mit dieser Frau und ihren Zöglingen stehe ich nun in ständiger Verbindung und unterstütze sie. Ich bin mir nicht sicher, ob ich mich so sehr für dieses Projekt engagieren würde, wenn ich diese Kinder in meinem Nahtoderlebnis nicht auch als Aufgabe gesehen hätte.

Mit den Büchern im Wipfel des Baumes konnte ich während der Nahtoderfahrung nicht recht etwas anfangen. So fragte ich danach. Eines fiel herunter; es war ein Buch mit Kindergeschichten. Da ich gern und oft für meine Schulkinder altersgerechte Geschichten schreibe, die meine Kinder sehr mögen, denke ich, dass ich vielleicht einmal diese Geschichten als Buch herausgeben werde."

Über die Auswirkungen ihres Nahtoderlebnisses auf das weitere Leben fügt Rita hinzu:

„Nach dem Erwachen aus dem Koma hatte diese Vision für mich eine äußerst wichtige Auswirkung: Ich war voller Lebensmut, Hoffnung und Zuversicht, wollte mich unbedingt einer Therapie unterziehen, wollte Schritt für Schritt mein neues

Leben in den Griff bekommen. Dabei war mir klar, dass ich dieses Leben wirklich neu geschenkt bekommen hatte und dass ich sorgsam und verantwortungsvoll mit diesem Geschenk umzugehen hätte. Sechs Jahre sind seither vergangen. Aber nichts von dieser Erfahrung ist in meiner Erinnerung verblasst. Im Gegenteil: Die Gewissheit, dass all das Erlebte im Koma seinen Sinn hatte und eine wunderbare Offenbarung darstellt, erfüllt mich immer intensiver mit Freude, Lebensmut und Sicherheit, eines Tages zu diesem wunderbaren Licht zu gelangen, zu dem meine Sehnsucht mich hinzieht. Auch die negativ erlebten und beängstigenden Erfahrungen haben einen festen Platz, schrecken mich aber nun nicht mehr, da ich ja einen Ausweg aus aller Angst und Bedrängnis kenne: Den Ruf nach der Hilfe Gottes und das Gebet, das ich nicht mehr missen oder vergessen möchte."

Konsequenterweise hat sich Frau Groß-Grevenbroich zusätzlich als Religionslehrerin ausbilden lassen. Ferner arbeitet sie in der Gemeindekatechese, *„um Kindern, Jugendlichen und jungen Eltern einen Glauben nahe zu bringen, der in unserem heutigen Lebensverständnis einen nachvollziehbaren Platz hat.*

In einigen Fällen konnte ich auch Schwerkranken und sterbenden Personen ein Stück weit die Angst und Unsicherheit nehmen, die uns Menschen befällt, wenn wir uns am Rand unserer irdischen Existenz befinden."

Schließlich kommt Rita auf einen heiklen Fragenkreis zu sprechen, der viele Nahtodbetroffene praktisch beschäftigt: Wie reagieren die Mitmenschen, wenn man ihnen von den außergewöhnlichen Erfahrungen erzählt?

„Direkt nach dem Erwachen aus dem Koma befand ich mich in einem sonderbaren Zustand der Verwirrtheit und Unfähigkeit, das Geschehene zu begreifen – und gleichzeitig der inneren Klarheit und Sicherheit. Ich hatte große Angst davor, als ‚verrückt' eingestuft zu werden, wenn ich den Ärzten oder dem Pflegepersonal etwas über mein Erleben berichten würde. Man erwartete von mir geistige Verwirrung, da mein Gehirn längere Zeit kaum durchblutet gewesen war, da die enorme

Menge an Barbituraten und der Alkohol mit anzunehmender Sicherheit bleibende Schäden hinterlassen hätte. So durfte ich keinesfalls den Eindruck erwecken, dass ich nicht mehr denkfähig wäre. Erstaunlicherweise war ich nach dem Erwachen aus dem drei Tage andauernden Tiefkoma relativ gesund, was niemand geglaubt hätte. Die vielfältigen Untersuchungen, die ich über mich ergehen ließ, zeigten wider Erwarten keinerlei Schädigung der Organe, und auch neurologische Tests und geistige Aufgaben konnte ich befriedigend erfüllen. Man sprach durchaus von einem ‚Wunder‘. In mir regte sich allerdings nach und nach immer stärker das Bedürfnis, das Erlebte aufzuschreiben und mit jemandem darüber zu sprechen. Ich befürchtete, Einzelheiten zu vergessen; denn mir war noch nicht klar, dass solches Erleben niemals vergessen werden kann.

So deutete ich einer Ärztin gegenüber an, dass ich im Koma mein ganzes Leben gesehen hätte. Dieser Teil meiner Nahtoderfahrung erschien mir am wenigsten ‚verrückt‘. Ich bekam zur Antwort, solch einen Unsinn sollte ich schnell vergessen. So hielt ich mich weiterhin beim Klinikpersonal sehr bedeckt.

Zuspruch und Verständnis erhielt ich aber von meinem Gemeindepfarrer, der mich manchmal besuchte und durch aktives Zuhören zum Sprechen brachte. Das Sprechen über eine Nahtoderfahrung halte ich für äußerst wichtig; denn es erleichtert den Umgang mit der eigenen Erinnerung. Während ich versuchte, Worte für mein Erleben zu finden, konnte die Verwirrung Schritt für Schritt weichen und immer mehr Klarheit gewonnen werden. Es überwog schließlich die Gewissheit, dass ich mit dieser Erfahrung etwas ‚Heiliges‘ erlebt hätte, das mein weiteres Leben von Grund auf verwandeln würde.“ [4]

II. Medizinische, naturwissenschaftliche und paranormale Aspekte

Grundfragen

Nahtoderfahrungen erweisen sich immer mehr als eine Herausforderung für alle, die praktisch oder wissenschaftlich mit Menschsein und Grundlagen des Lebens befasst sind. Das beginnt in der Medizin, wo die Frage aufkommt, ob ein Patient nur dann stirbt, wenn die Defekte in der „Körpermaschine" zu groß werden, um noch beherrschbar zu sein, oder ob Überleben und Gesundung auch mit jenem „du musst noch einmal zurück" verbunden sein kann, das ein Patient in der Lichtvision erfährt. Gewiss gäbe es ohne Reanimationstechnik manche Rückkehr nicht. Aber ist damit schon alles gesagt über das „Ja" oder „Nein" der Rückkehr? Die Herausforderung setzt sich fort im Umgang von Psychologen mit Menschen, die nach einer Nahtoderfahrung ein neues Leben zu bewältigen haben oder von dem Wunsch, „zurück ins Licht" zu kommen, also einer paradoxen Todessehnsucht geplagt werden. Ferner stehen Neurobiologen plötzlich vor der Frage, ob sie es mit einem hirnbiologischen Defekt oder einem gesund-religiösen, bisher unbekannten Hirnphänomen zu tun haben. Und schließlich müssen Seelsorger oder Theologen erkennen, dass sie in zeitgenössischer Weise vor einem ähnlichen Rätsel stehen wie vor Hunderten von Jahren kirchliche Instanzen vor dem, was ihnen Mystiker – zu ihrem Entsetzen – berichteten.

Es geht, kurz gesagt, um die Frage, ob diejenigen recht haben, die sagen „mit dem Tod ist alles aus" oder diejenigen, die der Meinung sind „es gibt ein Leben unmittelbar nach dem Tod". In den Nahtoderfahrungen konkretisiert sich ein Problem, das seit einiger Zeit allgemein im Verhältnis von biologischem Sein und Religion diskutiert wird: Hat Religion eine biologische Basis? Ist religiöses Verhalten angeboren? Man wird an eine Diskussion im frühen 20. Jahrhundert erinnert, als es um den „Behaviorismus" ging, der menschliches Verhalten vollständig auf Umweltprägung, Erziehung und Kultur zurückführen wollte. Dann aber enthüllte die Verhaltensforschung ein breites Spektrum von Belegen für angeborene Verhaltensweisen.

Ähnlich nimmt man im Gefolge der „Aufklärung" des 18. Jahrhunderts bis heute weitgehend an, Religion ist eine kulturelle Angelegenheit und bezieht sich vielleicht auf eine transzendente Wirklichkeit, die mit dem nichts zu tun hat, was Gegenstand von Physik und Biologie ist.

Gerade das aber wird nun angezweifelt, und zwar mit gegensätzlichen Interessen. Die einen sehen in der Religion ein spezielles Verhaltensphänomen, das evolutionsbiologisch und hirnphysiologisch erforschbar ist und dabei jegliche Jenseitigkeit verliert. Die anderen sehen den „homo religiosus" als natürliche, biologisch manifeste Gegebenheit, die materialistisch nicht erklärbar ist und das magere Gerippe rationaler, naturwissenschaftlicher Körper- und Hirnforschung spirituell-transzendent ausfüllt.

Eine besondere Unsicherheit wird dadurch hervorgerufen, dass paranormale Phänomene wie etwa außersinnliche Wahrnehmung nicht zu umgehen sind. Für Medizin und Naturwissenschaft bedeutet das, entweder mit allen auffindbaren Mitteln derartige Erscheinungen wegzuerklären oder ein Tabu anzurühren und das geschlossene Weltbild aufzubrechen, in dem es nur das gibt, was herkömmliche Physik und Biologie in ihren Kategorien unterbringen können. Für die Theologie entsteht die Schwierigkeit, trotz einer notwendigen Abgrenzung gegen esoterisches Erleuchtungsdenken und trotz der Abwehr von „Spukglauben" sich neuen Grenzfragen von Diesseits und Jenseits zu stellen.

Bislang scheinen Medizin und Neurobiologie die Herausforderung der Nahtoderfahrungen stärker angenommen zu haben als Theologie oder Religionswissenschaft. Seit Raimond Moody 1975 seinen Weltbestseller „Leben nach dem Tod" veröffentlicht hat, sind Hunderte von Forschungsarbeiten erschienen, die zum psychoanalytischen, psychiatrischen oder hirnbiologischen Verstehen der Nahtoderlebnisse beitragen. Einen sehr guten Überblick über diese Arbeiten gibt der Heidelberger Neurologe und Psychiater Schröter-Kunhardt[1]. Wir beschränken uns hier auf einige allgemeine Grundfragen.

Bei den genannten Arbeiten ist sehr darauf zu achten, inwieweit fast unmerklich weltanschauliche Voraussetzungen in die Ergebnisse einfließen; leider ist volle Objektivität nicht immer gewährleistet. Besonders bedenklich sind in dieser Hinsicht jedoch viele populärwissenschaftliche Darstellungen. Daher sei auf einen methodischen Fehler hingewiesen, der immer wieder zu beobachten ist: die Verwechslung von „verursachen" und „auslösen". Wenn ich eine Musikanlage einschalte, so heißt das nicht, dass ich musiziere, also die Ursache der Musik bin. Ich löse nur einen Abspielvorgang aus. Die gespielte Musik kann mir fremd oder unverständlich sein. Ähnlich ist es, wenn ich einen Lichtschalter bediene und das Licht geht an: Nicht meine elektrischen Körperströme sind Ursache für das Glühen der Birnen, sondern der von außen kommende Strom, dessen Fluss ich ausgelöst habe. Wenn ein Neurophysiologe durch Reizung des Gyrus Angularis in der Hirnrinde ein Außerkörpererlebnis auslöst, dann hat er dieses nicht verursacht oder gar verstanden, was geschieht; er hat es nur ausgelöst. Das erscheint zwar selbstverständlich. Aber man hört immer wieder, solche Experimente zeigten, dass Außerkörpererlebnisse nur physiologisch verstehbare Hirnvorgänge seien. Hier wird „verursachen" und „auslösen" verwechselt, mehr noch: zum Verstehen des Ausgelösten so gut wie nichts beigetragen.

Entsprechendes kann man zu Äußerungen sagen wie „Nahtoderlebnisse sind weiter nichts als die Folge von

Sauerstoffmangel im Gehirn" oder „der Ausschüttung von Stresshormonen". Hierbei werden fälschlicherweise – oder aufgrund extrem materialistischer Denkweise – hirnbiologische Korrelate von Ereignissen mit den Ereignissen selbst gleichgesetzt (sofern das Korrelat überhaupt existiert wie im Fall des Sauerstoffmangels im Gehirn, der nur bei einem Teil der Nahtoderfahrungen auftritt).

Oft ist es auch die mangelnde Eindeutigkeit von Symptomen, die einen Denkfehler hervorruft. Vergleicht man etwa bestimmte Hirnvorgänge bei einer Frau, die schwanger ist, mit den entsprechenden bei einer Frau, die eine Scheinschwangerschaft hat, und die Symptome sind gleich, dann wird niemand den Schluss ziehen, Scheinschwangerschaft und Schwangerschaft seien dasselbe. Die Bedeutung der Symptome ist nicht eindeutig. Wenn nun bei einer Schläfenlappen-Epilepsie und bei einem Nahtoderlebnis ähnliche Lichtvisionen und Glücksgefühle auftreten, dann ist es ebenso wenig gerechtfertigt, daraus zu schließen, Schläfenlappenepilepsie und Nahtoderfahrung seien im Prinzip dasselbe. Solange die Eindeutigkeit von Symptomen theoretisch oder durch ausreichende Erfahrung nicht klargestellt ist, sind derartige Schlüsse unwissenschaftlich.

Ein anderes Beispiel ist der Vergleich einer virtuellen sexuellen Reizung mit einem Geschlechtsakt: Aus korrelierenden Hirnsymptomen wird man nicht ohne weiteres schließen können, ob ein Geschlechtspartner im Spiel ist oder nicht. Analog bedeuten durch Drogen oder Hirnreizungen erzeugte nahtodähnliche Bewusstseinszustände noch lange nicht, dass sich dasselbe ereignet hinsichtlich eines unsichtbaren Gegenübers wie in etlichen der in unseren Berichten dargelegten Nahtoderfahrungen. Geht man aufgrund einer Weltanschauung davon aus, dass es ein in irgendeiner Weise „reales" Gegenüber nicht gibt und dass sich in dem Nahtoderlebnis nur physiologisch fassbare Vorgänge abspielen, dann ist eine entsprechende Deutung von Symptomen deshalb eindeutig, weil die weltanschauliche Position das aussagt. Nahtoderfahrungen sind aber gerade dazu geeignet, eine derartige Weltanschauung zu hinterfragen. Betroffene strahlen dabei zumeist eine emotional untermauerte, existentiell fordernde und nicht nur rationale Form dieses Hinterfragens aus.

Realität in Außerkörpererlebnissen

Unter den in der Einleitung genannten Grundmustern, wie sie Nahtoderfahrungen zugrundeliegen, sticht das der Außerkörpererfahrungen in besonderer Weise hervor. Nicht nur treten diese besonders häufig auf (so in mehr als der Hälfte unserer Beispiele). In den Erklärungsversuchen scheiden sich schnell die Geister, wenn es um eine der beiden folgenden Fragen geht: Haben Nahtoderfahrungen außersinnliche Anteile? Geben Nahtoderlebnisse Anhaltspunkte für die Trennung von Seele und Körper? In diesem Kapitel wenden wir uns der ersten Frage zu, im nächsten der zweiten.

Eine Grundschwierigkeit bei der Beurteilung von Nahtoderfahrungen ist die Tatsache, dass wir auf Berichte angewiesen sind und wenig Möglichkeiten einer objektiven Überprüfung von Berichtetem haben. Das ist zwar in der Wissenschaft vom Menschen nicht ungewöhnlich, etwa in der Schmerztherapie und allgemein im Umgang mit Symptomen oder Reaktionen, die über mündliche Äußerungen der Betroffenen registriert werden. Wenige objektive Daten wie Blutdruck, Temperatur, Schweißgehalt der Haut, EEG, Tests oder bildgebende Verfahren der Hirnphysiologie ändern daran einstweilen wenig; ihnen wird allerdings große Beweiskraft zugemessen. Bei Nahtoderlebnissen scheint jeglicher objektive Zugang zu fehlen. Gerade wenn es um paranormale, außersinnliche Aspekte des Erlebens geht, erschwert das eine wissenschaftliche Diskussion. Immerhin gibt es eine Ausnahme: Wenn behauptet wird, dass im Außerkörpererlebnis die Betroffenen „reale Dinge" sehen, so kann man möglicherweise die Beobachtungen nachprüfen. Handelt es sich um physisch vom Betroffenen nicht wahrnehmbare oder zu erratende Fakten, dann ist das ein Beleg, dass es sich beim Außerkörpererlebnis um mehr handelt als um subjektive Erinnerung oder Phantasie.

In der Tat läuft in England ein Großversuch, der einen derartigen Beleg auf wissenschaftlicher Basis erbringen will[1]. Er wird geleitet von Dr. Parnia an der Universitätsklinik in Southampton und dem Londoner Psychiater Dr. Fenwick. 25 britische Kliniken beteiligen sich daran. Man stellt neben die Betten von Herzpatienten, bei denen vorübergehender Herzstillstand zu befürchten ist – oft verbunden mit einem Nahtoderlebnis – Säulen auf, deren Oberseite, von unten unsichtbar, eine Ziffernkombination trägt, die weder Patient noch im Raum tätige Personen kennen. Man bittet den Patienten, im Falle eines Schwebeerlebnisses sich die Ziffernkombination zu merken und später zu berichten. – Das mag wie ein phantastisches Unternehmen erscheinen; englischer Pragmatismus ermöglicht so etwas. Dabei ist der Erfolg nicht unwahrscheinlich. Wir haben in unseren Beispielen Anhaltspunkte dafür: Alois Serwaty (8.), so haben wir vernommen, merkte sich im zweiten Außerkörpererlebnis die Bezeichnung eines medizinischen Gerätes und teilte sie später dem Arzt mit. Dieser stellte sich zwar uninteressiert, schaute aber hinterher nach und ließ die Richtigkeit bestätigen. Eine direkt Wahrnehmung des Typenschildes war Herrn Serwaty nicht möglich. Günter Düthorn (5.) schwebte durch die Hauswände nach draußen, merkte sich Autokennzeichen und stellte später fest, dass er richtig „gesehen" hatte. Schneidet er auf oder war der Wunsch Vater seiner Wahrnehmung? Ich habe Herrn Düthorn persönlich kennengelernt und halte ihn, der Techniker und ein streng religiöser Mensch ist, für absolut integer und sachlich. So halte ich es auch für korrekt, wenn er (in 3.) die Bedienung von Sauerstoffflaschen beobachtet und (in 4.) sein zerknülltes Klappmetermaß aus Metall im Schwebeerlebnis wahrgenommen hat. Ebenfalls nehme ich der Philosophin (und Kollegenfrau) Liselotte D. (12.) ab, dass sie vorher nicht wusste, dass der weiß gestrichene Kleiderschrank auf der Oberseite noch braun war. – Auch wenn so keine „Beweise" erbracht sind, dann doch eine große Plausibilität.

Es wird nicht behauptet, dass „Sehen" im Außerkörpererlebnis in vollem Umfang dem Sehen mit den Augen gleichzustellen ist. Man mag an das Übergangsfeld von Träumen und Wachsein denken, wenn man in einem erleuchteten Raum geschlafen hat: Auch hierbei kann sich Geträumtes mit Realem mischen. Beim Schwebeerlebnis kommt die Andersartigkeit paranormaler Wahrnehmung hinzu, auch die Einordnung in das Ganze des Nahtoderlebnisses mit oft fließendem Übergang vom Schweben in das Lichterlebnis. Da aber Nahtoderfahrungen sehr präzise erinnert werden und mit voller Bewusstheit verbunden sind, können real gesehene Anteile mit großer Wahrscheinlichkeit als solche herauskristallisiert werden. So ist es bezeichnend, dass Gabriele Pilz (10.) einerseits schildert, wie sie genau die Helfer sah, umherliegende Teile der Campingausrüstung und die Kleider am Körper ihres Mannes und ihres eigenen Körpers erkannte, andererseits aber eine nicht physische, unheimliche Gestalt erblickte.

Erwähnenswert ist auch eine wissenschaftliche Studie des amerikanischen Psychologen Kenneth Ring und dessen Mitarbeiter Sharon Cooper von 1997 über das „Sehen" von erblindeten Menschen im Nahtoderlebnis.[2] In eingehenden Gesprächen konnten sie sich überzeugen, dass dieses existiert.

Das „Sehen" im Außerkörpererlebnis hängt offensichtlich mit dem sogenannten präsentischen Hellsehen zusammen, der Fähigkeit, nicht physisch einsehbare Objekte oder Ereignisse quasi-optisch wahrzunehmen. Diese Art der außersinnlichen Wahrnehmung ist – obwohl häufig das Gegenteil behauptet wird – gut belegt. Immanuel Kant dokumentierte ausführlich, wie der schwedische Hellseher Swedenborg von Göteborg aus Stockholm brennen „sah" und beispielsweise beruhigt feststellte, dass sein Haus noch gerade verschont blieb. Einige Tage später bestätigten Boten, dass Swedenborg alles richtig beschrieben hatte. Kant selbst zeigte sich durch den Vorgang irritiert.[3]

In 1930 brachte der amerikanische Schriftsteller Upton Sinclair, bekannt durch seine sozialkritischen Romane, ein für seine Mitmenschen überraschendes Buch heraus.[4] Sinclair hatte festgestellt, dass seine Frau in der Lage war, Handzeichnungen von ihm, die sie nicht gesehen hatte, ziemlich genau nachzuzeichnen. Das faszinierte ihn, der nichts mit Außersinnlichem am Hut hatte, so sehr, dass er über drei Jahre hinweg sorgfältig abgesicherte Experimente durchführte und dann mehr als hundert Originalzeichnungen samt hellseherischer Kopien veröffentlichte. Albert Einstein schrieb ein Vorwort zu dem Buch.

Die amerikanische CIA investierte in den sechziger und siebziger Jahren des vorigen Jahrhunderts Millionen in Training und Organisation von Hellsehen (remote viewing) zu Spionagezwecken.[5] Der Erfolg blieb nicht aus, war aber zu sporadisch, um für militärische Logistik eingesetzt zu werden. Besonders spektakulär war der hellseherische Bericht des Nachrichtenoffiziers McMoneagle Ende 1969 über den Bau des ersten sowjetischen Atom-U-Bootes. Er war so unerwartet, dass ihn das Pentagon nicht glaubte, bis er sich Anfang 1970 als richtig herausstellte.[6]

Kehren wir aber zurück zu den Außerkörpererfahrungen und fügen noch ein Beispiel hinzu, das der amerikanische Kardiologe Michael Sabom an Hand von Operationsprotokollen und Interviews genau recherchieren konnte und in seinem Buch „Light & Death" 1998 publiziert hat!

Es betrifft eine Hirnoperation, die der Neurochirurg Robert Spetzler in Phönix (Arizona) vorgenommen hat. Um ein grosses Aneurysma an der Hirnstammschlagader von Pam Reynolds entfernen zu können, sah Spetzler nur einen Weg: Das Blut muss für eine Weile vollständig dem Hirn entzogen werden. Normalerweise würde dann nach etwa drei Minuten der endgültige Hirntod eintreten. Bei einer auf 15 Grad Celsius herabgesetzten Körpertemperatur jedoch lässt sich die Spanne auf eine halbe Stunde ausdehnen.

Der Eingriff erfolgte an einem Augustmorgen 1991. Ein Team von mehr als 20 Ärzten, Schwestern und Technikern war versammelt. Nachdem Pam in Narkose versetzt war, öffnete Dr. Spetzler Pams Gehirn, wobei er eine „Midas Rex Wirbelwind Knochensäge" benutzte, die mit 73000 Umdrehungen pro Minute arbeitet und ein schrilles Geräusch erzeugt. Mit Hilfe einer Herz-Lungen-Bypass-Maschine wurde das Blut und damit der ganze Körper, insbesondere das Gehirn, auf 15 Grad Celsius abgekühlt. Nun kam die riskanteste Phase der Operation: Die Blutzirkulationsmaschine wurde abgestellt, das Blut dem Körper entnommen „wie Öl einem Auto". Das Herz schlug also nicht mehr, das EEG (Elektro-Enzephalogramm) hatte nur „Nulllinien", und ein Messgerät im Ohr zeigte an, dass die Hirnstammfunktionen aussetzten. Nach klassischen Definitionen war Pam also „tot". Dr. Spetzler entfernte das blasenförmige Aneurysma, verschloss das Gehirn, und das Blut wurde in den Körper zurückgepumpt. Einige Elektroschocks waren nötig, um Pams Herz seinen normalen Rhythmus zu entlocken. Sie erwachte in der Tat wieder zum Leben.

Hinterher erzählte Pam, dass sie in der Zeit der Operation ein Nahtoderlebnis hatte. Wir zitieren einige Auszüge:

„... Ich erinnere mich, einzelne Dinge im Operationssaal gesehen zu haben als ich hinabschaute. Ich war so hellwach wie wohl in meinem ganzen Leben nicht ... Ich sass, metaphorisch gesprochen, auf Dr. Spetzlers Schulter. Es war nicht wie ein normales Sehen. Es war heller, konzentrierter und klarer als gewöhnliches Sehen ... Vieles im Operationssaal konnte ich nicht erkennen, und da waren so viele Leute.

Ich dachte, die Art und Weise, wie sie meinen Kopf rasiert hatten, war merkwürdig. Ich erwartete, dass sie das Haar ganz entfernen, aber das taten sie nicht ...

Das Ding von Säge, dessen Geräusch ich hasste, sah aus wie eine elektrische Zahnbürste, und es enthielt einen Zahn und oben, wo die Säge scheinbar, aber nicht wirklich in den Griff

überging, hatte sie eine Nut...Auch hatte die Säge auswechsel-
bare Blätter, aber diese Blätter lagen in etwas, das wie ein
Behälter für Schraubenzieher aussah ... Ich hörte die Säge
aufheulen. Ich sah nicht, wie sie die Säge am Kopf benutzten,
aber ich denke ich hörte, wie sie an etwas benutzt wurde. Sie
summte mit relativ hohem Ton, und plötzlich hörte man ein
Brrrrrrrrr!"[7]

Dr. Sabom konnte die Aussagen Pams über die Knochensäge nachprüfen. Er nahm Einsicht in die Operations-
protokolle und unterhielt sich mit Dr. Spetzler selbst über
die Operation. Es stellte sich heraus, dass die Midas Rex
Knochensäge genau beschrieben war. Sabom fügt eine
Zeichnung bei, in der die Säge tatsächlich genau wie eine
elektrische Zahnbürste aussieht. Auch der Behälter für die
Sägeblätter ist wiedergegeben. Man kann annehmen, dass
Pam das außergewöhnliche Instrument vorher nicht gesehen hat. Ob das surrende Geräusch ihre tiefe Narkose
durchdrang oder ebenfalls „übersinnlich" wahrgenommen
wurde, bleibt ungewiss. Wenig wahrscheinlich ist allerdings,
dass Pam das Gespräch in gewöhnlichem Sinn mitgehört
hat, über das sie weiter berichtet:

„Jemand sagte etwas über meine Venen und Arterien, sie
seien sehr klein. Ich glaube, es war eine weibliche Stimme, und
zwar die von Dr. Murray, aber ich bin mir nicht sicher. Sie
war die Kardiologin. Ich erinnere mich, dass ich darüber nach-
dachte, ihr das zu sagen ... Ich erinnere mich an die Herz-
Lungen-Maschine. Ich mochte das Atmungsgerät nicht ... Ich
erinnere mich an eine Menge von Werkzeugen und Instrumen-
ten, die ich nicht genau erkennen konnte."[8]

Auch diese akustischen und optischen Wahrnehmungen
stellten sich als richtig heraus. Man hatte bemerkt, dass die
Arterie und die Vene, aus denen das Blut abgeleitet werden
sollte, zu klein waren und öffnete weitere Gefässe.

Jedenfalls ist die Bestätigung von Wahrnehmungen im
Außerkörpererlebnis eindrucksvoll. Geradezu dramatisch
wäre allerdings, wenn sich zeigen ließe, dass die dann folgende Phase von Pams Nahtoderfahrung in der Zeit stattge-

funden hat, in der das Blut entfernt war, man in gewisser Weise von einem Zustand des Totseins sprechen konnte. Das ist aber nicht genau feststellbar; das Erlebnis könnte die Zeit der beginnenden Entnahme des Blutes oder dessen Wiedereinströmens betreffen.

Trennung von Körper und Seele?

Diese Frage, auch Leib-Seele-Problem genannt, gehört zu den besonders schweren und bis heute ungelösten Rätseln der Wissenschaftsgeschichte. Handelt es sich bei Leib und Seele oder Körper und Geist um zwei verschiedene Substanzen, die im Menschen vereinigt sind und miteinander wechselwirken oder synchron arbeiten? Sind es zwei Aspekte einer einzigen Substanz? Oder ist das, was wir Seele oder Geist nennen, nur eine Folge materieller Vorgänge im Gehirn, so wie Geräusche, die von einem Wasserfall erzeugt werden? Die letztgenannte – materialistische – Auffassung scheint heute bei Medizinern, Biologen und Psychologen zu dominieren, eher weil sie bequem und gut handhabbar ist als auf Grund naturphilosophischer Überlegungen. Grundlegende Fragen werden mit dieser Auffassung mehr abgewehrt als beantwortet. Für uns sind aber einige dieser Fragen brennend, denn wir wollen den Beitrag von Nahtoderfahrungen zum Leib-Seele-Problem erkunden.

Wir sahen im vorigen Kapitel, wie Außerkörpererlebnisse auf Grund ihrer Paranormalität nicht als subjektive Vorstellungen oder eine Variante von Träumen erklärbar sind. Wenn Wahrnehmungen im Schwebeerlebnis existieren, die neurobiologisch gesehen „unmöglich" sind, dann kann etwas mit der materialistischen Denkweise nicht stimmen. Fragezeichen kommen bereits aus der Physik: Reicht ein Studium der elektrischen „Blitzgewitter" zwischen den vielen Milliarden Nervenzellen im Gehirn überhaupt aus, um das, was sich psychisch-geistig in uns ereignet, auch nur darzustellen, geschweige zu verstehen? So schägt der amerikanische Neurobiologe Stuart Hameroff, der mit dem englischen Physiker Roger Penrose kooperiert, vor, dass man Außerkörpererfahrungen mit Hilfe der sogenannten Nichtlokalität der Quantenphysik beschreibt.[1] Quantenphysik, von Planck, Einstein, Bohr, Heisenberg und anderen Physikern seit hundert Jahren entwickelt, hat zwar in der Technik viele Anwendungen gefunden. Ihre neuartige Vorstellung von Materie und Energie spielt jedoch bislang in der Hirnbiologie fast keine Rolle. „Nichtlokalität" ist eine der neuartigen Vorstellungen und besagt, grob gesprochen, dass sich bestimmte Schwingungsvorgänge, die wir Materieteilchen nennen, an zwei Stellen des Raumes gleichzeitig, aber zu einer Einheit „verschränkt" abspielen können. Wenn in dieser Weise Nichtlokalität bei den Schwebeerlebnissen eine Rolle spielt, dann ist zwar noch wenig ausgesagt. Aber allein die Hypothese Hameroffs weist daruf hin, wie die Begriffe „Substanz", „Materie", „Information" in ihrer Reichhaltigkeit und Komplexität längst nicht ausgeschöpft sind und vermutlich eines Tages für die Hirnbiologie völlig neue Aspekte eröffnen werden.

Gehen wir behutsam empirisch vor und schauen das in Nahtoderlebnissen Geschehene erst einmal so an, wie es beschrieben wird, und nicht sofort durch die Brille materialistisch-psychologischer Deutungen, so bewegen wir uns wissenschaftlich auf solidem Boden. Die Grenzen unserer physikalischen Wirklichkeit sind fließend geworden. Unser biologisches und geistiges Sein steht in größeren Zusammenhängen, als es eine vordergründige Betrachtung erkennt.

Von Hirnbiologen und Psychologen wird gern gesagt, die scheinbare Trennung des außerkörperlich erlebten Bewusstseins vom Körper sei eine „dissoziative" Leistung, eine Abspaltung von Persönlichkeitselementen, deren Aktionszentren im Gehirn man kennt und die in vielen Formen auftreten wie etwa in bekannten Persönlichkeitsspaltungen. Der bereits genannte Heidelberger Neurologe und Psychiater Schröter-Kunhardt weist darauf hin, dass schon auf der psychologisch beschreibenden Ebene „dissoziative Leistungen" streng von „dissoziativen Störungen" (wie etwa Persönlichkeisspaltungen) zu unterscheiden sind und in der Lebensbewältigung eine große positive Rolle spielen.[2] Außerkörpererlebnisse sind eine gesteigerte Form dieser Leistung. Versuchen wir, sie an Hand unserer Beispiele zu präzisieren!

Es handelt sich nach mehreren Berichten nicht um eine unvermittelte Sicht „von außen". Vielmehr wird ein „Ausziehen" der Seele aus dem Körper erlebt. So schreibt Sabine Mehne (1.): „Über den Kopf, wie ein Flaschengeist, bin ich aus meiner Hülle geglitten ..." In ihrem Beinahe-Schwebeerlebnis legte ein Arzt eine Hand auf ihren Kopf. „Durch den Gegendruck" – der wohl von seiner psychologischen Wirkung her zu verstehen ist – „konnte ich in meinem Körper bleiben. Es war wie ein ‚Halt! Hiergeblieben!'" Susanne Dörner (2.) stellt fest: „... ich glitt, meinen Körper verlassend, in einen dunklen, warmen Tunnel hinab". Erika Herman (6.) fährt als 6-jähriges Kind „buchstäblich aus der Haut" und weiß nicht, wie lange „ich mich außerhalb meines Körpers befand und wie ich wieder hineinkam". Christine de Graat (7.) berichtet: „Das seltsame ‚Ausleiben' hatte vielleicht nur eine Sekunde gedauert und sich wie das Ausziehen eines engen Kleides über den Kopf angefühlt." Alois Serwaty (8.) sagt zu seinem zweiten Außerkörpererlebnis: „Beim Ausstieg aus meinem Körper hatte ich den Eindruck, den Körper wie einen Mantel abzulegen." Dagmar Eucker (11.) „erhob" sich von ihrem Sofa und „ging durch die Wand". Und Elke K (22.) berichtet von ihrem inzwischen verstorbenen Mann: „Er erzählte, dass er aus seinem Körper gezogen wurde und auf ein weißes, wunderschönes Licht zuschwebte."

In dem Schlagwort „Dissoziation" sowie in den Erklärungen, wie man sich eine Wahrnehmung seiner selbst von außen vorstellen könne, kommt dieses Phänomen „aus dem Körper gezogen werden" nicht vor, bleibt also unbeachtet. Es ist jedoch integraler Bestandteil vieler Schwebeerlebnisse und man kann annehmen, dass es bei noch mehr, wenn nicht allen Außerkörpererlebnissen vorkommt, aber nicht wiedergegeben oder erinnert wird. Eine psychologische Motivation für diesen Vorgang ist nicht ersichtlich. Es scheint sich um einen „Ablöseprozess" zu handeln, der nicht nur gedanklicher Art ist. Uns fehlen einstweilen (oder dauerhaft) die Mittel, ihn naturwissenschaftlich zu beschreiben. Das besagt aber keineswegs – wenn man dem Dogmatismus vieler Neurowissenschaftler nicht huldigt – dass es ihn nicht „real" gibt. – Wir lächeln gern über Seelenvorstellungen früherer Jahrhunderte oder anderer Kulturen, die Ähnliches in mythischer Verkleidung ausdrücken, sind aber möglicherweise mit plattem Materialismus weiter von dem wahren Kern dessen, was Seele ist, entfernt als religiöse Umschreibungen. Diese wiederum können von Nahtoderlebnissen beeinflusst sein, die es ja zu allen Zeiten gegeben hat.

Was aber löst sich vom Körper und konstituiert die „Seele"? Die Betroffenen berichten durchweg, dass sie Wahrnehmungsvermögen, Denkfähigkeit, Gefühle und Ichbewusstsein mitgenommen haben. Diese unterscheiden sich im Prinzip nicht von ihren Gegenstücken im „normalen" Leben, sind aber gesteigert. Denken geschieht im Eiltempo, Gefühle nehmen euphorische Gestalt an, das Erlebnis eines Allwissens stellt sich ein. Freiheit und Liebe werden in großer Intensität erfahren.

Über eine neue „Leiberfahrung" wird selten berichtet. Dabei fällt eine bunt Vielfalt auf, die offensichtlich stark bildhafter Natur ist. Ein „weißes Kleid" wird wahrgenommen (de Graat 7., Schwickert 21.), eine „ovale Gestalt" des Leibes (Mehne 1.), eine „schemenhafte Form" (Dörner 2.) oder ein Sog gespürt mit der Folge: „Mein Körper fühlt sich an, als ob in meinem Innern ein Gummiband wäre" (Pilz 10.)

Mit der Ablösung vom Leib geschieht eine Veränderung, bei der unklar bleibt, inwiefern sie Latentes freisetzt und inwiefern sie auf neuen Erlebnissen im Schwebezustand beruht. Dass die Veränderungen nicht flüchtige Eindrücke sind, zeigen die erheblichen Nachwirkungen, wenn die abgelöste „Seele" noch einmal in den Leib zurückkehrt und ein neues Leben beginnt, möglicherweise mit großer Sehnsucht zurück in den Zustand des Glücks.

Nun betrifft aber die „Trennbarkeit von Körper und Seele" zweierlei. Das eine haben wir bisher betrachtet und ist die präzisierte „Dissoziation", bei der stets der – oft bewusstlose – Körper mit der abgelösten Seele verbunden bleibt. Das andere betrifft die Frage, ob diese temporär abgelöst Seele auch der „unsterbliche" Teil des Menschen ist und dann, wenn etwa die Reanimation nicht gelingt, „übrig bleibt" und in eine jenseitige Welt übergeht. Hier stoßen wir an die Grenzen des Wissens und stehen vor einem Glaubensproblem. Allerdings hat es Bedeutung, ob die Überzeugung von einem Weiterbestehen des individuellen Ich über den Tod hinaus medizinisch-biologischem Denken grundsätzlich widerspricht oder ob es denkbar ist und wir sogar Anhaltspunkte finden, die uns zum Glauben an ein Leben nach dem Tod ermutigen.

Unsere These ist, dass der Glaube an ein Leben nach dem Tod im Licht der Naturwisenschaft Sinn hat und in dem „Zwischenschritt" der Nahtoderfahrung Hinweise in diese Richtung erblickt werden können. Man sollte behutsam sein, aus den Erfahrungsbeispielen von Außerkörpererlebnissen ein allgemeines „Seelenmodell" zu konstruieren, das vom Diesseits zum Jenseits zu wandern vermag. Der bildhafte Charakter oder die stark von Symbolen geprägten Erfahrungen von Rita Groß-Grevenbroich (30.) sind deutliche Hinweise auf die uns gesetzten Grenzen. Dennoch zeichnen sich in einem erneuerten, nicht materialistischen Weltbild unter Einbeziehung paranormaler Phänomene und quantenphysikalischer Denkweise die Umrisse einer vom Körper abgelösten Gestalt des Ich ab, die als zeitgenössische Form der alten Vorstellung von „unsterbliche Seele" angesehen werden kann. Die Symphonie, die in Erfahrung, Wille, Erinnerung, Bewusstsein und Fühlen die Identität eines Menschen definiert, ist „überspielbar" auf einen neuen „Tonträger". Ob wir in dessen „Nahtodgestalt" schon etwas Endgültiges erfahren oder nur einen „Zwischenträger", kann dahingestellt bleiben. Es genügt, wenn wir den Schleier über dem Unbekannten ein wenig lüften und abstrakte Hoffnung konkretisieren können.[3]

III. Nahtoderfahrungen und Religion

Mystik

Christliche Theologie hat, wie wir schon in der Einleitung bemerkten, besondere Schwierigkeiten Nahtoderfahrungen zu integrieren und insbesondere mit der jenseitigen Wirklichkeit Gottes in Verbindung zu bringen. Das ist vorwiegend dadurch bedingt, dass die „Wirklichkeit Gottes" von der Naturwirklichkeit – mindestens im naturwissenschaftlichen Sinn – vollständig abgekoppelt ist. Ein undurchsichtiges Feld metaphorischer und anthropomorpher Begriffe hat sich herausgebildet, in dem von „Liebe Gottes", „göttlicher Zuwendung", „im Tod in Gottes Hand sein" oder von einer „Auferstehung in das Wort" die Rede ist. Diese Begriffe sollen aber nicht in dem Sinne metaphorisch sein, dass sie nur psychische Inhalte repräsentieren und Theologie auf Ethik und Therapie reduzieren. Der Wirklichkeitscharakter des metaphorisch Beschriebenen bleibt jedoch im Dunkeln oder Abstrakten.

Den Grund für diese Entwicklung kann man darin sehen, dass im Mittelalter, vor allem bei Thomas von Aquin, der „Kosmos" im Sinne der altgriechischen Philosophie eingeführt und als Raum für Gott, Engel und Verstorbene angesehen wurde.[1] Dann musste man zusehen, wie Galilei, Kepler, Bruno und andere diesen Raum religiös „auskehrten", himmlische Gestalten daraus vertrieben. Seit der Aufklärung wurde diese Bedrängnis größer und auch der geistige Teil der Descartesschen zwei Sustanzen wurde mehr und mehr auf Funktionen des materiellen Teils reduziert. Das „innere Land" wurde ein Produkt der Objektwelt und konnte damit auch nicht mehr Brücke zu einem Jenseits sein. Andere Religionen haben diese Probleme nicht. Deshalb können sie leichter Nahtoderfahrungen und Sterbeerlebnisse lückenlos mit dem Übergang in eine andere Welt verbinden.

Ein konkreter Anhaltspunkt für Gemeinsamkeit zwischen den meisten, wenn nicht allen Religionen ist die Mystik. Im Christentum waren ihre Exponenten wie Hildegard von Bingen, Meister Eckhart oder Jakob Böhme meistens Außenseiter und hatten mit Anfeindungen zu kämpfen. Aber ihre tiefen Grundeinsichten sind aus der christlichen Geistesgeschichte nicht wegzudenken und verdienen immer neue Beachtung. Dabei geht es nicht darum, Grenzen zwischen den Religionen zu verwischen. Diese werden uns noch beschäftigen, etwa in der Frage der Reinkarnation. Es erscheint aber sinnvoll, an einem gemeinsamen Fundus natürlich-religiöser Erfahrungen anzuknüpfen, wenn man weitergehende religiöse Lehren formulieren will.

Mystik und Nahtoderfahrungen wiederum sind eng miteinander verflochten. Der Frankfurter Germanist Helmut Brackert hat das in einem Beitrag „Nahtoderfahrung und mystische Erfahrung" (2005) eindrucksvoll dargelegt. Bei mystischen Erfahrungen, so heißt es darin etwa, „tritt der Mensch in eine andere Welt, in einen Zustand höchsten Glücks. Er fühlt sich selig bei sich selbst bzw. in der Ekstase außerhalb seiner selbst. Dieser Zustand höchten Glücks wird immer wieder, wie in den Nahtoderfahrungen, als Lichterscheinung beschrieben, als höchstes, vollkommenes, alles über- und durchstrahlende Licht."[2] Brackert führt eine ganze Reihe von euphorischen Lichterlebnissen, wie wir sie aus unseren Beispielen kennen, als Beleg für die innere Beziehung zu mystischen Erlebnissen an. Auch die immer wieder empfundene Unmöglichkeit, das Erlebte in Worte zu fassen, thematisiert er: „Mystik entzieht sich in wesentlichen Aussagen der aus der Lebenspraxis resultierenden Forderung nach klarer, vernünftiger, sinnvoller Sprache und erfindet stattdessen ein eigenes Sprachspiel, in dem die negative Aussage, das Paradox, die Tautologie, die Umschreibung der Unsagbarkeit, um nur einiges zu nennen, die Sprache beherrschen."[3] Aus den Biografien der christlichen

Mystiker ist bekannt, wie ihre „Sprachspiele" oft missverstanden und als Ketzerei angeprangert wurden.

Das gilt insbesondere im Umkreis der All-Einheits-Erfahrung, dem zentralen Ereignis im mystischen Erleben. Brackert kennzeichnet sie als „Bewusstsein, dass die Grenzen des Ichs keine festen Grenzen sind und es mit allem, was existiert, verbunden ist", und dies, weil die Einheit allen Seins in Gott schon immer vorgegeben ist. Meister Eckhart sagt: „Manche einfältigen Leute wähnen, sie sollten Gott sehen, als stünde er dort und sie hier. Dem ist nicht so. Gott und ich, wir sind eins."[4] Gleichwohl ist mystische Einheit keine gewöhnliche Gleichsetzung, was Eckhart sorgfältig zum Ausdruck bringt: „Wenn Gott die Seele in sich zieht, so wird sie verwandelt in Gott, so dass die Seele göttlich wird, nicht aber Gott zur Seele." Brackert fügt hinzu: „Die Mystiker verwenden, um dies zu verdeutlichen, oft das Beispiel des Wassers: der Ozean (Gott) enthält dasselbe Wasser wie die Welle, aber deshalb ist die Welle doch nicht der Ozean."[5]

In den Nahtoderfahrungen schimmert das All-Erlebnis immer wieder durch, wenn etwa von einem „Einssein mit der gesamten Schöpfung" (Herman 6.) die Rede ist, auch in einem „All-Wissen" (Mehne 1., Düthorn 4., Herman 6., Serwaty 8., Pilz 10.) oder einem „Verschmelzen mit diesen Farben" (Erl 14.). Mystische Meditation von buddhistischen Mönchen oder Franziskanischen Nonnen, wie sie der Neuropsychologe Newberg sogar hirnphysiologisch in einer Relativierung der Ich-Nichtich-Schranke demonstrieren konnte[6], sind besonders ausgeprägte Entfaltungen der All-Einheits-Erfahrung.

Auch die von Nahtodbetroffenen oft empfundene Enttäuschung über die Rückkehr aus einem Zustand der Glückseligkeit ist Mystikern bekannt. So schreibt Heinrich Seuse, ein Schüler Meister Eckharts, einmal über dessen Erleben: „... was er da sah und hörte, lässt sich nicht in Worte fassen ... Ob die Seele im Leibe geblieben oder ob sie vom Leibe geschieden war, das wusste er nicht. Als er wieder zu sich zurückfand, war ihm wie einem Menschen, der aus einer anderen Welt zurückgekommen ist. Sein Leib erfuhr in dem kurzen Augenblick einen solchen Schmerz, dass er glaubte, keinem Menschen könne, außer in der Todesstunde, in so kurzer Zeit ein solcher Schmerz widerfahren. Mit einem gar tiefen Seufzen kehrten ihm die Kräfte zurück; gegen seinen Willen sank er zu Boden wie ein Mensch, dem in Ohnmacht die Sinne vergehen ..."[7] – Das erinnert an diejenigen, die in besonderer Weise bei der „Rückkehr" in den Leib enttäuscht waren (z. B. Dörner 2., Pilz 10., Rosenfeld 23.).

Wie sich die mystischen Grunderfahrungen in einzelnen Religionen niederschlagen, ist dann ein weites Feld der Betrachtung. Wir beschränken uns auf eine Entwicklung im Buddhismus, bei der Nahtoderfahrungen eine besondere Bedeutung zukommt[8], gehen dann auf Fragen der Reinkarntion ein und diskutieren in den letzten Kapiteln die Beziehung zwischen Nahtoderlebnissen und Christentum.

Buddhismus der kleinen Leute

Wenn in Geschichtsbüchern oder anderer Literatur von religiösen Menschen die Rede ist, dann sind das fast immer herausragende Gestalten: Könige, Propheten, Priester, Mönche, Buddhas oder wenigstens Erleuchtete, die sich über die Niederungen des Alltags erheben. Was einfache Menschen in alten Zeiten religiös erlebten, ist gewöhnlich unbekannt. Man erfährt nur, dass in festen religiösen Gemeinschaften, meist mit Stammesgemeinschaften identisch, alle Mitglieder durch Rituale eingebunden sind. Sie akzeptieren, was „von oben" gelehrt oder befohlen wird. Religion mag dabei gewachsen und so Teil der allgemein akzeptierten sozialen Bindung sein. Oft ist sie jedoch aufgezwungen, sei es durch Fremdherrschaft nach einem Krieg oder kriegerischem Überfall (noch im Augsburger Religionsfrieden 1555 und im Westfälischen Frieden 1648 bestimmte der Herrscher die Religion – „Cuius regio, eius religio"), oder auch infolge diktatorischer Herrschaft über Sklaven oder wie Sklaven gehaltene Untertanen. Wir bewundern die ägyptischen Pyramiden und erfahren viel über die Auferstehungsvorstellungen der gottähnlichen Pharaonen. Aber wir wissen nur wenig über die Menschenschinderei, die der Pyramidenbau mit sich brachte. Ob die Geschundenen ihr Schicksal immer religiös ergeben hinnahmen, kann bezweifelt werden.

Umso erfreulicher ist eine Entwicklung im chinesischen Buddhismus, die den Weg der Elite-Religion verlassen hat. Ist von Buddhismus die Rede, so haben wir zwar zunächst die Lehre Buddhas vom Nirwana vor Augen, der letztendlichen Erkenntnis, dass alles nur Illusion ist und im Nichts, im Nirwana mündet. Wir sehen meditierende Mönche vor uns, die nach innerer Erleuchtung streben, auch ihre westlichen Gefolgsleute. Was jedoch oft nicht bedacht wird, sind die Strömungen im Buddhismus, die weit von der ursprünglichen Lehre Buddhas weggeführt haben und noch heute weit verbreitet sind, besonders unter einfachen Menschen, ein Buddhismus der kleinen Leute.

Besonders ausgeprägt gilt das für den sogenannten Amida-Buddhismus oder „Reines-Land-Buddhismus" in China und Japan. In Japan allein zählte man 1931 eine Anhängerschaft von 16 Millionen, etwa die Hälfte aller Buddhisten des Landes.

Das Erstaunliche an dieser auf die Zeit um Christi Geburt zurückgehenden Variante des Buddhismus ist die Lehre vom Paradies, das an die Stelle des Nirwana tritt, sowie die seligmachende Rolle des Glaubens, der auch den „Nichterleuchteten" den Weg ins himmlische Reine Land eröffnet. Die Nähe zum Christentum ist so groß, dass man eine Weile annahm, der Amida-Buddhismus sei auf frühchristliche Einflüsse zurückzuführen. Das hat sich aber nicht bestätigt.

Dagegen hat Carl B. Becker, Philosoph und China-Spezialist an der Southern Illinois University, eine These aufgestellt und in einer Untersuchung begründet, die uns aufhorchen lässt. Sie wird schon im Titel der Untersuchung ausgedrückt: „Die zentrale Bedeutung von Nahtoderfahrungen im chinesischen Reines-Land-Buddhismus". Es heißt darin: „Im Reines-Land-Buddhismus haben wir eine Religion vor uns, die nicht nur Nahtoderlebnisse zulässt, sondern philosophisch auf deren Wirklichkeit und Zugänglichkeit für alle Menschen gründet."[1] Wie ist das zu verstehen und wie ist es dazu gekommen?

Offensichtlich begann schon 100 bis 200 Jahre nach der Wirksamkeit des ursprünglichen Buddha Gautama (um 500 v. Chr.) eine Diskussion um die Exklusivität, die mit dem Status des Erleuchteten verbunden ist, und entstand das Bedürfnis, die „große Versammlung" der Menschheit einzubeziehen. Eine Bewegung entstand, die das zu verwirklichen suchte (die „Mahasanghikas" in Indien). Edward Conze schreibt in seinem Buddhismus-Buch dazu:

„Infolge ihrer liberaleren Haltung und einiger Besonderheiten ihrer Theorie wurde die Bewegung der Mahasanghikas zum Ausgangspunkt für die Entwicklung des Mahayana. Die Mahasanghikas waren in jeder Beziehung liberaler als ihre Gegner. Sie waren weniger streng in der Auslegung der disziplinarischen Vorschriften, weniger exklusiv in bezug auf Besitzende, dachten freundlicher über die geistigen Fähigkeiten der Frauen und der unbegabten Mönche und waren eher bereit, spätere Zusätze zu den heiligen Schriften als authentisch zu betrachten. Einige der wesentlichen Züge des Bodhisattva-Ideals des Mahayana wurden von ihnen zuerst ausgearbeitet, und manche ihrer Lehren trugen entscheidend dazu bei, die buddhistische Tradition von der historischen Erscheinung Buddhas zu lösen. Das ist geschichtlich von größter Bedeutung, da durch diesen Schritt der Grundsatz, nur das anzuerkennen, was der Buddha selbst geäußert habe, den Charakter eines unumgänglichen Gebotes verlor."[2]

Das Mahayana („großes Fahrzeug") gewann in den folgenden Jahrhunderten zunehmend an Einfluss. Es ging zwar von führenden Gestalten, Mönchen des Buddhismus aus, drang aber in die Breite vor. „Die neue Weisheitslehre", so Conze, „war die Bewegung einer Elite, welche die Interessen der Massen des Volkes aus Mitgefühl als ihre eigenen ansah."[3] Der Bodhisattva – der Erleuchtete auf dem Weg zur Buddhaschaft – sah sich in einer neuen Situation:

„Er konnte sich unmöglich darauf beschränken, anderen zur Erlösung zu verhelfen, indem er ihnen riet, über die Leere zu meditieren. Sonst hätte er die Mehrzahl der Menschen übergehen müssen, die durch das Fehlen der metaphysischen Veranlagung, durch den Zwang, sich zunächst einmal ihren Lebensunterhalt zu verdienen, und durch ihre tief verwurzelte Bindung an Eigentum, Familie und Heim von diesem Wege ausgeschlossen waren. Da aber der Laie ebenfalls in das Leiden verstrickt ist und, seinem göttlichen Ursprung entsprechend, geistliches Verlangen und geistliche Möglichkeiten besitzt, so ist das Wort des Buddha auch an ihn gerichtet.

Der Weisheit unfähig, muss er den Weg des Glaubens gehen. Die transzendentale Weisheit wird durch den Glauben (Bhakti) ergänzt."[4]

Hier zeigten sich die Mahayana-Buddhisten bereit, die vorbuddhistische Volksfrömmigkeit in Indien zu integrieren, wie sie schon seit etwa 400 v. Chr. in der Bewegung der Bhakti zum Ausdruck kam. „Bhakti bedeutet liebevolle, persönliche Verehrung der angebeteten Gottheiten, die man sich in menschlicher Form vorstellte."[5] Es entstand der sogenannte „Buddhismus des Glaubens". Er verstand sich durchaus als Konsequenz der Lehren Buddhas. Conze fasst lakonisch zusammen: „Ist das Mit-Leid des Buddha unbegrenzt, so muss er auch die Dummen retten."[6]

Zur vollen Blüte gelangte der Glaubensbuddhismus – zunächst noch in Indien – im Amitabha-Buddhismus oder Amidismus. Seine Breitenwirkung erreichte der Amidismus jedoch erst, als in den ersten Jahrhunderten n. Chr. nach China und Japan vordrang und dort bei den Massen Zulauf erhielt.

Hatte der Glaubensbuddhismus neben die Weisheit der Erleuchteten den Glauben als gleichwertig für einen Zugang zum Nirwana erklärt, so kam nun ein entscheidender Schritt neu hinzu: Das Nirwana wurde durch durch einen Himmel ersetzt. Die Reinkarnation erfolgte nicht auf die Erde zurück, sondern in den Himmel, kurz gesagt, sie wurde zu einem Auferstehungsglauben. Dieser neue Schritt ist mit einem Bodhisattva verbunden, der auch als Buddha bezeichnet wird, also die Buddhaschaft erreicht hat, nämlich Amida oder Amithaba (amita = das Unendliche, abha = das Licht), ein „goldener Buddha des unendlichen Lichtes, der in einem Himmel voll von Gold, Juwelen und allen Arten wunderschöner Blumen und Brunnquellen regiert, wo man die Tage in unaufhörlichem Lobpreis und Wiederholung der Sutras verbringt".[7] Amida herrscht, wie es in anderer Darstellung heißt, „über das Reine Land im Westen, ein unbeflecktes Königreich".[9] (Offensichtlich sind hier persische Einflüsse im Spiel).

Vielleicht wäre der Amidismus eine kleine Sekte des Buddhismus geblieben, hätten nicht einige herausragende Gestalten in China seine Ausbreitung bewirkt, insbesondere Hui-yuan, der 402 n. Chr. die „Weißer-Lotus-Gemeinschaft" gründete. Hui-yuan versammelte damals 123 seiner Schüler, Mönche und Laien, vor einer Amida-Statue. Sie legten ein Gelübde ab, dass sie, Amida ergeben, nach Wiedergeburt im Reinen Land streben und in Verbindung damit allen ihren Mitmenschen helfen, ebenfalls dieses Ziel zu erreichen. Die daraus hervorgegangene Bewegung wird auch „Amida-Pietismus" genannt.

Hier setzt nun die These Carl Beckers an: Die große Ausstrahlung von Hui-yuan gründete in seinen Nahtoderfahrungen, wie sie aus Schilderungen im Zusammenhang mit Krankheiten, die er erlitt, zu entnehmen sind. Er erzählte nicht nur davon, sondern nahm sie zum Anlass, mit seinen Schülern auf ähnliche Visionen hin zu meditieren. „Hui-yuan suchte Verbindung zum Bodhisattva (in diesem Fall Amida) nicht nur im Tod, sondern durch Meditation noch zu Lebzeiten." Obwohl Hui-yuan of krank und zur Zeit des Gelübdes schon 70 Jahre alt war, vermochte er, mit klarem Kopf seine Anhänger in die neue Erlebniswelt einzuführen. Sie erreichten durch Meditation – teilweise auch Verbindung mit Krankheiten – ähnliche Visionen wie ihr Meister.

Beckers These ist nicht so zu verstehen, dass Nahtodvisionen ursächlich den Amidismus oder wenigstens den Amida-Pietismus hervorgebracht haben – wobei wir offen lassen, inwieweit im allgemeineren Sinn Nahtoderlebnisse mit an der Wiege des Buddhismus standen. Vielmehr sprach Hui-yuans glühende Überzeugung von der Erlösung im Reinen Land, das allen zugänglich ist, und die Fundierung dieser Überzeugung durch Nahtodvisionen die chinesischen Menschen an und führte zu einer millionenfachen Anhängerschaft des Amida-Buddhismus.

Becker weist darauf hin, dass die Verbindung von Amida-Pietismus und Nahtoderfahrungen noch mehrfach durch überragende Persönlichkeiten erneuert wurde – was auf die ständige Bedeutung der Nahtodvisionen schliessen läßt. Wir greifen nur ein beispiel heraus: Um 530 n. Chr. hatte ein Nordchinese, T'an-luan, ein Erlebnis, das wie folgt beschrieben wird:

„Eines Tages erholte er sich gerade von einer schweren Krankheit, als er plötzlich eine goldene Pforte geöffnet vor sich sah. Mit dieser Erfahrung begann er, nach einem Wundermittel zu suchen, das ihm ewiges Leben bringen würde."[10]

Offensichtlich handelte es sich um eine Lichterfahrung im Nahtod und deren Nachwirkung. T'an-luan begann, 52 Jahre alt, eine lange Wanderung nach Süden. Er begegnete auf seiner Suche Amida-Pietisten und widmete, von diesen überzeugt, den Rest seines Lebens, die Botschaft von der Erlösung im Reinen Land ins nördliche China zu tragen. Er hob dabei besonders hervor, dass man nicht durch eigene Kraft, sondern durch göttliche Macht erlöst wird. Die Anrufung des Amida-Namens spielte daher eine große Rolle.

T'an-luan sah im Amidismus keinen Widerspruch zu den ursprünglichen Lehren Buddhas, sondern eine Konkretisierung derselben. Er fand damit bei seinen chinesischen Mitmenschen außerordentlich starke Resonanz.

Reinkarnationsglaube

„Im Westen wird der Reinkarnationsglaube zunehmend zu einer blind übernommenen Ersatzreligion", meint Schröter-Kunhardt in einer Studie von 1996 mit dem Titel „Reinkarnationsglaube und Reinkarnationstherapie: transpersonale Fiktion".[1] Das wird besonders in zahllosen Sitzungen sichtbar, die entweder nur der Erkenntnis dienen oder auch therapeutischen Zweck haben und in Trance oder Hypnose Erinnerungen an Vorleben herbeiführen. Auch erscheinen viele Schriften und Bücher über entsprechende Spontanerfahrungen, insbesondere bei Kindern, die aus früheren Leben erzählen. Die Flut dieser Sitzungen und Schriften ist so groß, dass sich sogar einige reinkarnationsgläubige Therapeuten und andere Fachleute dagegen wehren – vermutlich, um nicht selbst mit dieser Flut weggespült zu werden. In der genannten Schrift von Schröter-Kunhardt werden zahlreiche wissenschaftliche Untersuchungen über die Reinkarnationsszene gut lesbar zusammengefasst; sie sei jedem empfohlen, den dieses Thema beschäftigt. Wir bringen hier nur einige Schlaglichter.

Da gibt es zunächst das Phänomen eines Reinkarnationstourismus. Beispielsweise schreibt DIE WELT (10.9.1994) folgendes über die Hamburger Psychologin Gisela Schmitz:

„... Eine ‚blitzartige Erleuchtung‘ habe sie ergriffen, als sie zum ersten Mal vor dem Pergamon-Altar stand. Der kam ihr so bekannt vor, dass sie keinen Zweifel hatte: ‚Da bist du schon mal gewesen‘. Mit Hilfe von Gelehrten und Reinkarnationstherapeuten fand sie heraus: ‚Um 170 v. Chr. war ich Tempeldiener unter Eumenes II.‘ Diese erfreuliche Erkenntnis sollte Früchte tragen. Anfang des Jahres annoncierte die Forscherin in Szene-Blättern und Esoterik-Magazinen: ‚Ich führe Sie in Ihre früheren Leben' ...

Inzwischen hat Frau Schmitz mehrere hundert Personen durch völkerkundliche Museen gelotst. Achtzig Prozent davon, so sagt sie, wurden angesichts von Skulpturen oder Kostümen, rituellen Gegenständen, Mumien und Masken einer Erleuchtung teilhaftig. Und weil Erleuchtung begehrt ist ... wird ‚ethnologische Reinkarnationsforschung' mittlerweile in fast allen großen Städten angeboten. Der Besuch eines Völkerkundemuseums kostet dann plötzlich siebzig Mark (‚inklusive Eintritt'). Die Gruppenleiter – meist von keinerlei ethnologischer Vorbildung verdorben – verschaffen sich zunächst per ‚Resonanzmethode' eine erste Orientierung. Ist das Gebiet der Wahlverwandtschaft erst einmal eingekreist – etwa ‚Sibirien' oder ‚Indianer' oder ‚Afrika' –, werden die Suchenden in jene Abteilung geführt und dort in eine ‚induzierte Trance' versetzt. Wenn sie dann die Augen öffnen und sich umsehen, komme es ‚immer wieder zu herzergreifenden Szenen, wie das eben geht, wenn man etwas lange Verlorenes wiedererkennt', so die Forscherin ...“

Man hat festgestellt, dass sich allgemein die Rückerinnerungen an frühere Leben getreu an dem orientieren, was die Betroffenen seit ihrer Kindheit an Büchern, Schriften und Filmen aufgenommen haben, auch wenn vieles davon aus der bewussten Erinnerung entschwunden ist. Hinzu kommen Wunschvorstellungen, die sich unbewusst angesammelt haben. Dass menschliche Phantasie unbegrenzt reich ist – eine schöne Eigenschaft – kennen wir aus unseren Träumen. Sie wird vom Reinkarnationstourismus missbraucht.

Bei suggestiv vermittelten Rückführungserlebnissen (durch Trance oder Hypnose) treten auch gelegentlich absurde Phänomene auf. So hat Napoleon, eine besonders beliebte Reinkarnationsfigur, offensichtlich Hunderte oder Tausende von Wiederverkörperungen gleichzeitig, eine Art geklonte Reinkarnation. Eine Frau erlebte ihre Kaiserkrönung als Julius Caesar im Jahr 50 n. Chr. (Caesar war nie

Kaiser und starb im Jahr 44 vor Christi Geburt). Viele Lücken im Schulwissen kommen so zum Vorschein.

Reinkarnationstherapien gehen ähnlich vor wie psychoanalytische Methoden: Diese suchen gegenwärtige Konflikte dadurch zu lösen, dass sie ihre Wurzeln in der frühen Kindheit aufdecken und bewusst machen – eine bekanntlich umstrittene Behandlungsmethode. Reinkarnationstherapien gehen sozusagen noch weiter zurück und suchen die Konfliktherde in den Vorleben. Raimond A. Moody, der sich auch als Reinkarnationstherapeut betätigt hat, änderte gelegentlich unter Hypnose ein früheres Leben ab, um damit auch die Folgen zu verändern (was den Gedanken einer wirklichen Reinkarnation unglaubwürdig macht). Reinkarnationstherapien können wie jede andere Psychotherapie allein aufgrund der kommunikativen Zuwendung des Therapeuten erfolgreich sein, sie können aber auch destabilisierend wirken.[2]

Was die Spontanerinnerungen anbetrifft, so hat der Psychiater Ian Stevenson mehrere tausend, meist kindliche Reinkarnationsfälle untersucht. Alle Versuche, Details herauszufinden, etwa mit Hilfe von Hypnose, führten nach seiner eigenen Bekundung zu nichts. Derartige Rückerinnerungen geschehen durchweg in einem sozialen Umfeld, in dem man ohnehin an Reinkarnation glaubt und entsprechend ein Erfüllungsdruck vorhanden ist. In einem Interview in der ARD-Serie „PSI" im Herbst 2003 meinte Stevenson, dass kein einziger seiner Fälle vor Gericht als „Beweis" bestehen könnte.

Lässt man die große Zahl der psychologisch erklärbaren Reinkarnationserlebnisse weg, so bleibt noch eine relativ geringe Anzahl von Fällen, bei denen offensichtlich paranormale (außersinnliche, übersinnliche) Phänomene im Spiel sind. Man spricht von Retrokognition als einer Art „Hellsehen in die Vergangenheit". Selbst wenn Reinkarnationserfahrungen auf nachprüfbaren Fakten beruhen, stellen sie keinen „Beweis" für Reinkarnation dar, sondern können als außersinnliche Wahrnehmung verstanden werden.

Gelegentlich wird argumentiert: Wenn man Nahtoderfahrungen als Realerlebnisse ernst nimmt, warum dann nicht auch Reinkarnationserfahrungen? Sind nicht beide durch vielfache subjektive Berichte dokumentiert, deren Verlässlichkeit wir nicht nachprüfen können? Hier besteht die Gefahr, dass entscheidende Unterschiede verschleiert werden: Der deutlichste Unterschied besteht darin, dass Nahtoderfahrungen zum größten Teil spontan auftreten, ohne dass die Betroffenen eine Erwartungshaltung oder eine weltanschauliche Beeinflussung mitbringen, während Reinkarnationserlebnisse durchweg in einem Erwartungsfeld und häufig mittels Suggestion erzeugt werden. Ferner sind Nahtoderlebnisse klar strukturiert und aus Grundmustern aufgebaut. Und schließlich finden sich in den Nahtoderlebnissen selbst keine Hinweise auf Reinkarnation. Das wäre anders, träte etwa bei einem Europäer im Begegnungserlebnis mit verstorbenen Verwandten eine junge Chinesin auf und sagte: Ich bin eigentlich dein Großvater, jedoch inkarniert in einer Familie in Schanghai. Derartiges geschieht aber nicht. Gerade in den Begegnungserlebnissen kommt zum Ausdruck, dass das Ich des Nahtodbetroffenen nicht nur die Lebensgeschichte umfasst, sondern auch sein soziales Umfeld einbezieht. Tante ist Tante und Großvater ist Großvater. Das Beziehungsverhältnis wird unmittelbar und bewusst erlebt, braucht also nicht erst irgendwie rekonstruiert zu werden Die Einheit des Ich, im irdischen Leben zustandegekommen, bleibt über den Tod hinaus bestehen.

Das entspricht auch dem jüdischen, christlichen und islamischen Menschenbild. Versuche, durch zurechtgeschnittene Interpretation einiger Bibelverse die Reinkarnationslehre in das Alte und Neue Testament hineinzutragen, sind nicht als ernsthaft anzusehen. Zwar gab es in den drei Religionen auch Traditionen, die reinkarnatorische Elemente enthalten; diese nehmen jedoch eine Außenseiterstellung ein.[3] Sie sind, wie die genuin hinduistischen und buddhistischen Wiederverkörperungslehren, im historischen Kontext zu betrachten. Zudem gab es – wie wir schon gesehen haben

– bereits im frühen Buddhismus eine Bewegung, die, vor allem von einfachen Menschen getragen, mit dem sehr abstrakten Denken der besonders Erleuchteten nichts anfangen konnte und sich deshalb dem Amida-Buddhismus zuwandte, der Reinkarnation nicht auf der Erde annimmt, sondern als Auferstehung im Himmel. Hierbei spielten nachweislich Nahtoderfahrungen eine Rolle, und man kann die Frage stellen, inwiefern die Vorstellung vom strafenden Schicksal, noch einmal ins irdische Leben zurückzumüssen, durch Erfahrungen des „noch einmal Zurückmüssens" in Nahtoderlebnissen motiviert wurde. Das sind in mystischer Praxis gewachsene Fragen und unterscheiden sich von den intellektualistischen Problemen, die durch die antibuddhistische Theosophie und andere „westliche" Formen des Buddhismus aufgeworfen werden. Die am Fortschrittsglauben des 19. Jahrhunderts orientierte Reinkarnationslehre übersieht, dass der angenommene Fortschritt nicht eingetreten ist: Die „Reinkarnierten" des 20. Jahrhunderts waren in zwei Weltkriegen und dem Holocaust an Grausamkeit nicht zu überbieten.

Wir betrachten die Reinkarnationslehre als eine Anschauung, die weder durch Erfahrungen stichhaltig begründet wird noch mit einem Menschenbild übereinstimmt, das von der Einheit des im irdischen Leben gewachsenen Ich ausgeht, dem Ich, das nach unserem Glauben im Kontext des „mitkommenden" sozialen Umfelds nach dem Tod bestehen bleibt.

Reaktionen christlicher Fundamentalisten

Die Bücher von Raimond Moody und Elisabeth Kübler-Ross über Nahtoderfahrungen lösten in den USA in den siebziger Jahren des 20. Jahrhunderts eine „thanatologische Welle" aus, mit dem neugeschaffenen Wissensbereich „Thanatologie", Lehre vom Sterben, als Leitgedanken. Dieser reichte von wissenschaftlichen Bemühungen bis zu verschiedenartigen religiösen oder esoterischen Deutungen und vermengte oft Wissenschaft mit Interpretation, so dass Thanalogie es schwer hatte, sich als wissenschaftliche Disziplin zu etablieren. „Bargen die allgemein bekannt gewordenen Erlebnisberichte Reanimierter bereits in sich die Frage nach transzendenten bzw. religiösen Hintergründen des Phänomens, so trugen Massenmedien, Pseudowissenschaftler und Okkultisten schnell dazu bei, die weltanschauliche Brisanz des Materials zu verdeutlichen. Kein Wunder, dass Kirche und Theologie hellhörig wurden. Insbesondere die Problematik der Korrelation von Sterbe-Visionen und biblischen Hoffnungsaussagen wurde nun in den Blick genommen. Und hier fühlten sich namentlich die christlichen Fundamentalisten auf den Plan gerufen."[1] Da Kübler-Ross und der Psychologe Kenneth Ring mehr und mehr zur Esoterik tendierten und auch Moody teilweise in diese Richtung zog, war ein Konflikt mit den bibelgläubigen Christen der USA geradezu programmiert.

Es begann schon damit, dass Moody in „Leben nach dem Tod" nur Nahtoderlebnisse vorstellte, in denen die Betroffenen Glücksgefühle hatten (später korrigierte er das). Wo blieben die Höllenerfahrungen? Die Leugnung der Hölle wurde dämonischen Einflüssen zugeschrieben. Zwar erkannte man die Lichterlebnisse, die gläubige Christen in Nahtodvisionen hatten, als Begegnungen mit Jesus an. Wenn aber Ungläubige solche Erfahrungen machten, so war das teuflisches Gaukelspiel.

Hierbei sollte man sich die besondere kirchliche Situation in den USA vor Augen halten. Es gibt nicht wie bei uns die großen Volkskirchen, deren Pfarrer ein breit angelegtes Universitätsstudium mit historisch-kritischer Analyse der Bibeltexte hinter sich haben, und daneben kleine Gruppen von Freikirchen und Sekten. Zu den „großen" Kirchen in den USA, die sich aber nicht als „Volkskirchen" verstehen, gehören die baptistische, die methodistische und die Presbyterianische. Lutheraner und Katholiken bilden mittelgroße Gruppen, und es gibt Hunderte von kleinen „Kirchen", bei denen die Grenzen zu dem, was wir „Sekte" nennen, unscharf sind. Vielen, wenn nicht den meisten, protestantischen Kirchen ist eine Prägung durch die Erweckungsbewegungen des 19. Jahrhunderts gemeinsam. Diese haben Wurzeln im Deutschen Pietismus, erhielten jedoch durch die Siedlermentalität und das Exodus-Bewusstsein vieler Amerikaner eine neue Gestalt. Als Gegenbewegung zur Aufklärung und zum theologischen Liberalismus bauten diese Kirchen bei aller Verschiedenheit in Einzelfragen auf ein verbalistisches Verständnis der Bibel auf und verstanden – dem Pietismus gemäß – Christ werden als einen Akt der persönlichen Hinwendung zu Christus (auch „Wiedergeburt" genannt, was nicht mit „Reinkarnation" zu verwechseln ist).

Anfang des 20. Jahrhunderts einigten sich die so ausgerichteten Kirchen und Gruppen auf gewisse „fundamentals", etwa, dass die Bibel vom Heiligen Geist inspiriert ist und eine absolut zuverlässige Quelle der Offenbarung darstellt. Daraus ist die Bezeichnung „Fundamentalisten" entstanden, die in den USA keineswegs als abwertend verstanden wird und nichts mit islamischem Fundamentalismus zu tun haben möchte. Wenige der Pfarrer und Prediger haben eine theologische Ausbildung, die textkritische Studien umfasst; sie erlernen in kircheneigenen Seminaren den fundamentalistisch ausgerichteten Biblizismus (einschließlich der Ablehnung jeder Form von biologischer Evolution). Es gibt zwar bedeutende theologische Fakultäten wie die Harvard Divinity School. Diese haben jedoch nur auf eine dünne Schicht von Intellektuellen Einfluss. In der Breite findet man Christen – in der Gemeindepraxis viel lebendiger und aktiver als hierzulande – in ihrem Denken einem verbalistischen Bibelverständnis verhaftet. (Ich war dem selbst konfrontiert, da ich drei Jahre in den USA gelebt und zeitweise einer fundamentalistischen Kirche angehört habe).

Die Diskussion um eine angemessene Interpretation von Nahtoderfahrungen ist hierfür ein gutes Beispiel. Eine theologische Ablehnung der esoterischen Deutung von Nahtodvisionen ist nachvollziehbar; wir haben weiter oben selbst eine ablehnende Position begründet. Unverständlich ist dagegen eine Dämonisierung derer, die nicht biblizistisch konform mit solchen Erlebnissen umgehen.

Selbst hoch intellektuelle Persönlichkeiten lassen sich darauf ein. So griff der angesehene Herzspezialist und Leibarzt von Pentagon-Stabsmitgliedern (wie Dwight Eisenhower), Maurice Rawlings, schon früh in die Diskussion um Moodys Bücher ein. Noch 1997 äußerte er: „... Ich glaube, dass viele dieser ‚Licht'-Erfahrungen absichtliche Täuschungen Satans darstellen, der die Leute glauben machen möchte, dass die Pforten des Himmels jedem offenstehen."[2] Rawlings erzählt von sich selbst, dass er erst im Gefolge der Nahtoderfahrung eines Patienten Christ geworden sei. Als einmal ein 47-jähriger Mann während einer Untersuchung am Tretrad zusammenbrach und wiederbelebt werden musste, geschah Merkwürdiges:

„Ich führte die äußeren Pressbewegungen am Herz aus, während die Schwestern Tropf und Atmungsgerät herbeischafften, und der Patient sagte unentwegt: ‚Doktor, hören Sie nicht auf!' Immer, wenn ich unterbrach, um nach etwas zu greifen, rief er ‚Ich bin in der Hölle' ... Ich presste und sagte ihm, er solle still sein und mir nicht mit seinem ‚Höllending' kommen. Ich versuchte, sein Leben zu retten, und er bemühte sich, mir etwas von seinen schlimmen Alpträumen zu erzählen, die er im Rachen des Todes hatte. Dann bat er mich um etwas, das die größte Beleidigung für mich als Atheisten darstellte, nämlich ‚Doktor, beten Sie für mich'. Ich sagte ihm, er sei wohl verrückt, und ich sei kein Pfarrer. Wieder bat er mich, für ihn zu beten, und die Schwestern schauten mich erwartungsvoll an, als wollten sie sagen: ‚Du musst das tun, es ist der letzte Wunsch eines Menschen.' Also tat ich es. Ich ersann ein Scheingebet, einen Unsinn. Ich wollte ihn nur los werden, also sagte ich ihm, er solle mir nachsprechen. Ich presste verlegen heraus: ‚Ich glaube, Jesus Christus ist der Sohn Gottes. Los, sprechen Sie das nach. Bitte bewahre mich vor der Hölle. Sagen Sie das! Und wenn ich, der ich am Angelhaken hänge, überlebe, gehöre ich dir für immer.' Ich erinnere mich an diesen Teil besonders, weil er die ganze Zeit ‚am Angelhaken hing'. Jedes Mal, wenn wir die Herzmassage unterbrachen, um den Herzschrittmacher nachzustellen, schrie er, er sei wieder in der Hölle, und verkrampfte sich, wurde blau, hörte auf zu atmen und sein Herz schlug nicht mehr.

Aber bald nachdem ich das Gebet gesprochen hatte, gab es kein Krümmen und kein Kämpfen mehr. Er war ruhig. Am nächsten Tag bat ich ihn, immer noch höchst skeptisch, mir zu erzählen, wie das in der Hölle sei. Ich erzählte ihm, er hätte die Schwestern zu Tode erschreckt und mir Höllenangst eingejagt. Er sagte ‚Welche Hölle? Nach dem Gebet, das Sie gesprochen haben, erinnere ich mich, meine Mutter so gesehen zu haben wie zu ihrer Lebenszeit, obwohl sie gestorben ist, als ich dreizehn Jahre alt war.' Unmöglich! Er fand sie in einem Photoalbum heraus, das ihm seine Tante am nächsten Tag brachte, aber er hatte sie nie wirklich gesehen. Er erkannte sie an ihrer Kleidung. Er hatte sie im Himmel gesehen. Offensichtlich hatte er die höllischen Erfahrungen zu schmerzfreien Teilen seiner Erinnerung bereinigt, aber nach der Bekehrung machte er himmlische Erfahrungen.

Das ‚unsinnige' Gebet, das ich betete, um ihn zu verspotten, bekehrte nicht nur ihn, sondern erfasste mich auch. Wir wurden beide wiedergeborene Christen."[3]

Schon in diesem Beispiel erkennt man die Schwäche von Rawlings' Argumenten: Wir haben früher gesehen, wie sich Betroffene im Außerkörpererlebnis vergeblich bemühen, den Ärzten oder anderen Menschen der Umgebung etwas zu vermitteln, was aber nicht möglich ist. Offensichtlich hatte Rawlings' Patient in der ersten Phase alptraumartige Wachträume, szenische Halluzinationen oder unterbrochene Träume, in denen er noch seine Stimme gebrauchen und sich verständlich machen konnte. Das eigentliche Nahtoderlebnis, in dem er seiner verstorbenen Mutter begegnete, hob vermutlich erst nach dem Gebet an, als er sich beruhigt hatte. Träume werden meist vergessen, das kennen wir von uns selbst. Nahtodvisionen dagegen zeichnen sich durch scharfe Erinnerung aus. Zwar gibt es „höllische" Erlebnisse in Nahtoderfahrungen, offenbar lag jedoch hier kein solches vor. Rawlings' Behauptung, die er dann immer wieder gebrauchte, unterstellt ein Verdrängen oder Verschweigen der höllischen Anteile von Nahtoderfahrungen. Eine sachliche Analyse des obigen Beispiels ergibt ein anderes Bild. Rawlings erntete dann auch reichlich Widerspruch, selbst bei seinen Freunden, als er in mehreren predigthaften, durch wenig Sachlichkeit glänzenden Büchern nachzuweisen versuchte, die höllischen und die himmlischen Nahtoderfahrungen träten im Verhältnis 50 zu 50 auf.

Noch über einen anderen Aspekt hätte Rawlings nachdenken können: Mit seinem Proporz von himmlischen Erlebnissen der Erlösten und höllischen Qualen der Ungläubigen im Nahtod leistet er der Annahme Vorschub, die Nahtodbetroffenen seien wirklich „im Jenseits" gewesen, rückt sich selbst also in die Nähe des Spiritismus.

Mit seiner eingangs zitierten Bemerkung über die Täuschungen durch Satan zeigt Rawlings, dass er auch 20 Jahre nach seinen ersten Erfahrungen mit dem Problem Nahtod kaum über das nachgedacht hat, was andernorts bei Menschen ohne christliches Umfeld geschehen ist. Er hätte sonst seine Dämonie-Klischees korrigieren müssen.

Der Kardiologe Michael Sabom, dessen Bemühungen um eine Versachlichung der Nahtod-Diskussion in den USA zu würdigen sind, tendiert dennoch teilweise in die fundamentalistische Richtung. Er kritisierte scharf Rawlings' einseitige und unsachgemäße Beiträge, besuchte ihn aber, wie er selbst erzählt, anschließend und schloss Freundschaft mit ihm.[4] 1993 trat Sabom von der Methodistischen zur – von ihm als „konservativ" bezeichneten – Presbyterianischen Kirche über, wurde zum „Ältesten" berufen und ordnet seither stärker als früher Nahtoderfahrungen in biblisches Denken ein. Folgendes Beispiel zeigt, wie er hierbei in eine Enge geraten ist: Er beschreibt drei Nahtoderlebnisse verschiedener Personen, in denen zueinander ähnliche

Christusvisionen vorkommen, und fragt dann: „War das wirklich Jesus? Sahen sie wahrhaftig den historischen Jesus, den der von sich in Anspruch nahm, mit Gott eins zu sein?

Die Bibel lehrt, dass falsche Christusse und falsche Propheten auftreten und große Zeichen und Wunder tun werden, um sogar die Erwählten (wo es möglich wäre) in die Irre zu führen."[5] Hier entfaltet Sabom eine unselige Alternative, die er dann weiter vertieft: Erlebt ein Nahtodbetroffener in der Lichterfahrung Christus, so ist das entweder der historische Jesus oder ein vom Teufel besorgter falscher Christus. Rawlings lässt grüßen! Die nächstliegende Möglichkeit, dass die erlebte Lichtgestalt aufgrund des christlichen Umfeldes als Jesus konkretisiert wird, bleibt außer Acht. Man spürt, dass Sabom in einen Sog theologischer Naivität geraten ist, die ihn gelegentlich von seiner sonst geübten kritischen Vorsicht wegzieht. Wenn christlich gläubige Menschen mit ihren eigenen Nahtodvisionen positiv umzugehen wissen, so ist das in Ordnung. Bedauerlich ist jedoch, wenn ein biblizistischer Fundamentalismus intolerant wird, in mittelalterlichen Verketzerungen denkt und den Blick für die umfassende Bedeutung von Nahtoderfahrungen verliert.

Ein zentraler Punkt für die christlich-theologische Diskussion von Nahtodfragen ist das Verhältnis von „Leben nach dem Tod", wie es Nahtodvisionen nahelegen, und „Auferstehung der Toten" im Sinn der christlichen Lehre. Er soll uns jetzt beschäftigen.

Nahtoderfahrungen und christlicher Auferstehungsglaube

Einer der wenigen christlichen Denker, die Nahtodvisionen in unmittelbare Beziehung zum christlichen Verständnis von Tod und Auferstehung gesetzt haben, ist der Theologe und Schriftsteller Jörg Zink. In seinem Buch „Auferstehung. Und am Ende ein Gehen ins Licht" (1999) rollt er die Frage auf: „Wieviel Wirklichkeit kommt den geschilderten Nahtod-Erfahrungen zu?" und meint: „... Waren die Zurückgekehrten wirklich tot? Berichten sie uns von einer Wirklichkeit, die unabhängig von ihrem seelischen oder leiblichen Ergehen besteht, oder nur aus der Landschaft ihrer eigenen Seele? Natürlich fanden Psychologen psychologische Erklärungen, Mediziner medizinische, Neurologen neurologische, Pharmakologen pharmakologische, aber keiner dieser Erklärungsversuche hat in den dreißig Jahren, die die Diskussion inzwischen währt, die wirklichen Vorgänge deuten können. Immer blieb ein erheblicher, nicht erklärbarer Rest. Auch die Theologie reagierte im Allgemeinen kritisch, wenn auch nicht immer ausreichend sachkundig, vor allem mit dem Einwand, dies alles sei ein Versuch, den Tod zu ‚verniedlichen'. Und für viele andere rückte das Phänomen ‚Nahtod-Erfahrung' in den Themenkreis UFO, Bermuda-Dreieck, vorgeschichtliche Astronauten etc. ein. Aber es hat sich gezeigt, dass es weder dem einen noch dem anderen gelingen konnte, dem Ganzen dieser Erfahrungen beizukommen."[1]

Besondere Schwierigkeiten hat, wie schon mehrfach angesprochen, die neuere protestantische Theologie hinsichtlich des Verhältnisses von Leben nach dem Tod und Auferstehung, weil in ihr weithin eine Lehre dominiert, nach der ein Mensch, wenn er stirbt, zunächst völlig von der – diesseitigen oder jenseitigen – Bildfläche verschwindet. Zink beschreibt sie so:

„In der evangelischen Theologie der letzten achtzig Jahre gab es eine merkwürdige Lehre von der Auferstehung oder besser der Nichtauferstehung. Es war die Lehre vom ‚Ganztod'. Sie besagte, das Leben des Menschen ende im Tod und zwar ganz und gar und in jeder Hinsicht und auf jeder Ebene, mit Geist, Seele und Leib. Man sagte, Gott habe den Menschen aus dem Nichts erschaffen. Er falle in seinem Tod wieder in das gänzliche Nichts zurück, und in irgendeiner nicht festsetzbaren Zukunft werde Gott diesen Menschen wieder aus dem Nichts nacherschaffen. Er sei also mit seinem Tode vollständig ausgelöscht, und es gebe keine Kontinuität zwischen der jetzt lebenden Person und ihrer künftigen Existenz bei Gott.

So vertrat Karl Barth, der grosse Lehrer meiner Generation, die Auffassung, im Tode bleibe keine menschliche Seele übrig. Mit dem Tode sei der ganze Mensch nichts. Es gebe ihn nicht mehr. Er werde erst am Jüngsten Tage aus der Erinnerung des Schöpfers neu geschaffen, aus dem Gedächtnis Gottes sozusagen neu zusammengesetzt. Aber mich hat das noch nie überzeugt. Was soll denn damit gemeint sein, dass zwischen Tod und Auferstehung das Nichts sei? Was ist der Sinn dieses Vakuums? Das neue Testament spricht ganz anders. Woher also hatten es die großen Theologen der zwanziger bis vierziger Jahre? Vielleicht daher, dass sie den Tod als Todesstrafe missverstanden?[2] Zink verweist dann auf die eindringlichen Darlegungen von Paulus zu diesem Thema. Demnach ist unser Leib ein Haus oder ein Zelt oder ein Kleid, das uns einhüllt, und das im Tod nicht mit allem, was darin ist, weggeworfen wird. Vielmehr sehen wir einer neuen Leiblichkeit entgegen, die unser Ich beherbergen wird. „Hier noch seufzen wir", so sagt Paulus, „und sehnen uns danach, dass unser himmlisches Haus uns aufnimmt, damit wir nicht schutzlos dastehen. Solange wir in diesem Zelt wohnen, seufzen wir und sind beschwert, weil wir nicht entkleidet werden möchten, sondern überkleidet, so dass das Sterbliche verschlungen wird vom Leben."[3]

Das „Nichts" oder das „Vakuum" zwischen Tod und Auferstehung, von dem Zink spricht, war insbesondere durch die protestantische Ablehnung des Purgatoriums oder „Fegfeuers" entstanden, das infolge des Ablasshandels zur Zeit der Reformation („Sobald das Geld im Kasten klingt, die Seele aus dem Fegfeuer springt") in Verruf geraten war. Luther füllte das Vakuum so aus, dass er von einem „Seelenschlaf" redete und diesen nur als einen „Augenblick" betrachtete, da ja bei Gott tausend Jahre wie ein Tag sei – eine Art theologisches Relativitätsprinzip.

Calvin zog sich noch behutsamer aus der Affäre. Einerseits wies er auf ein allgemeines Phänomen, auch bei den „Ungläubigen" hin: Diese haben sich „in einem natürlichen Instinkt immer ein Bild der Auferstehung vor Augen gestellt. Ist nicht die heilige und unverletzliche Sitte des Begräbnisses wie ein Unterpfand des neuen Lebens? Ist es nicht, als wolle man den Leichnam bergen für das ihm bereitstehende neue Leben?"[4] Auch wenn Calvin hierbei sicher nicht an die Ur- und Frühgeschichte gedacht hat, so kann man seine Gedanken schon auf die Neandertaler anwenden und diesen ein „Bild der Auferstehung" zuordnen. Im engeren, christlichen Sinn fügt Calvin andererseits hinzu: „Wenn der Leib stirbt, überlebt die Seele. Wie der Apostel sagt (Hebr.12,23), dass wir gekommen sind zu den Geistern der vollkommenen Gerechten. Wenn die aus dem Leibe gelöste Seele nicht ihren Bestand behielte und seliger Herrlichkeit fähig wäre, hätte Christus nicht zum Schächer am Kreuz gesagt (Luk 23,43) ‚Heute wirst du mit mir im Paradies sein‘ ... Im übrigen sind weitere Fragen über den Zwischenzustand der Seelen unangebracht und unnütz."[5] Von einer „Ganztod-Lehre" kann also bei Calvin ebensowenig wie bei Luther die Rede sein.

Der katholische Theologe Karl Rahner hat angesichts der in der katholischen Lehre immer noch vorhandenen Vorstellung vom Fegfeuer einen interessanten Ausweg vorgeschlagen: „Wenn es so etwas wie ein Fegfeuer gibt und dieses nicht bloß durch ein äußeres Dekret und Eingreifen Gottes entsteht, sondern konnaturale Konsequenz aus dem Wesen des pluralen Menschen ist, dann könnte ich mir denken, dass die Möglichkeiten des ‚Fegfeuers‘ auch noch den Raum bedeuten könnten für eine post-mortale Freiheitsgeschichte bei dem, dem eine solche Geschichte in seinem irdischen Leben versagt war ..."[6]

Hier zeichnet sich also eine neue Auffassung vom Leben nach dem Tod ab, und Rahner sagt an anderer Stelle auch unverblümt: „Die Konzeption der Vorstellung vom Zwischenzustand im Mittelalter wird nach all dem Gesagten als

Etappe der Theologiegeschichte – aber eben auch nicht mehr – gewertet werden."[7]

Eine ähnliche, konstruktive Deutung des „Zwischenzustands" gibt der protestantische Theologe Jürgen Moltmann an. Er füllt in gewisser Weise das aus, was Rahner die „postmortale Freiheitsgeschichte" nennt und stellt sich „jenen ‚Zwischenzustand' als einen weiten Lebensraum vor, in dem sich das hier abgebrochene und zerstörte Leben frei entfalten kann. Ich stelle ihn mir als eine neue Lebenszeit vor, in der die Geschichte Gottes mit einem Menschen zur Entwicklung und Vollendung kommt."[8] Hierin liegt auch eine Alternative zum Reinkarnationsdenken, nach dem das nicht erledigte „Karma" in einem weiteren Leben abgearbeitet werden soll. Wir erhalten im „Zwischenzustand" Gelegenheit, „das Angefangene zu Ende zu bringen, das Versäumte nachzuholen, die Schulden zu bezahlen und die Schmerzen auszuheilen und das Unvollendete zu vollenden".[9] Und Moltmann fügt hinzu:

„Aber es sind nicht nur die Abbrüche in der eigenen Lebensgeschichte, die uns nach einem ‚Leben nach dem Tod' fragen lassen. Ich gedenke des Lebens derer, die nicht leben konnten und nicht leben durften: das geliebte Kind, das bei seiner Geburt starb; der Junge, dermit vier Jahren von einem Auto überfahren wurde; der Freund, den mit 16 Jahren neben dir die Bombe zerriss, die dich verschonte – und die vielen Menschen, die vergewaltigt, ermordet und vernichtet wurden ... Die Vorstellung, dass mit ihrem Tod alles aus sei, würde doch die ganze Welt in absolute Absurdität stürzen, denn wenn ihr Leben keinen Sinn hatte, hat dann unser Leben einen Sinn? Die moderne Vorstellung von einem ‚natürlichen Tod' passt für lebensversicherte Bürger der Wohlstandsgesellschaft, die sich den Alterstod leisten können; die meisten Menschen in der Dritten Welt sterben einen vorzeitigen, gewaltsamen und keineswegs bejahten Tod ..."[10]

Karl Rahner geht aber noch einen Schritt weiter und gibt zu bedenken, ob die christliche Auferstehung nicht bereits im Augenblick des Todes geschieht: „Warum sollten wir sie nicht in *dem* Augenblick ansetzen, wo sich die Freiheitsgeschichte des Menschen vollendet, in seinem Tod nämlich?"[11] Das ist allerdings missverständlich, da sich „Vollendung der Freiheitsgeschichte im Tod" und „post-mortale Freiheitsgeschichte" widersprechen. – Im Zusammenhang gelesen kann man jedoch das „vollendet" in Abhebung von „vollendet ist" so deuten, dass die Freiheitsgeschichte sich im Tod „zu vollenden beginnt" und diese Möglichkeit von der Auferstehung in die Gegenwart Gottes hinein untrennbar ist.

Wenn Theologen wie Jürgen Moltmann und Berthold Klappert[12] lieber nicht von „Auferstehung im Tod" sprechen, so deshalb, weil sie „Auferstehung" mit „Vollendung" im endgültigen Reich Gottes verbinden. Fiele Auferstehung mit dem Tod zusammen, so würde der gerade erreichte Status quo „verewigt", wie das manche Theologen auch behaupten. Das sind aber eher begriffliche Festlegungen. In ihrem Grundanliegen stimmen Zink, Rahner, Moltmann und Klappert überein. Auch andere katholische Theologen haben Rahners Thesen übernommen und weiterentwickelt (der heutige Papst hat sie jedoch durch die Glaubenskongregation verworfen, als er noch als Kardinal deren Vorsitzender war).

Für unsere Betrachtungen sind vor allem die Aspekte interessant, die nicht das „Zukünftige" innerhalb des Jenseits betreffen, sondern die Geschehnisse im Sterben, im Augenblick – oder Prozess – des Todes. Dass viele Nahtodbetroffene sich wie in einem neuen Kleid fühlen und einer neuen Phase ihres Seins bewusst entgegensehen, wird durch die eben geschilderte christliche Position positiv aufgenommen. Es gibt Nahtodberichte, in denen als Kinder verstorbene Angehörige oder Freunde als erwachsen erlebt werden – vielleicht ein Hinweis auf die genannte „Vollendung des Unvollendeten". Man kann nur immer wieder betonen, dass wir zwar wenig wissen, das Wenige aber große Bedeutung für den Glaubenden haben kann.

Auch auf die grosse Nähe der Erscheinungen des auferstandenen Jesus zu dem, was in Nahtoderscheinungen erlebt wird, sei hingewiesen, ebenso auf die Nahtoderlebnisse, die Paulus selbst hatte.[13] Die Begegnungen mit dem Auferstandenen waren stets Glückserfahrungen, oft Lichterlebnisse und immer von unendlicher Liebe durchdrungen.

Schlussbetrachtungen

„Dieses Buch ist das Zeugnis einer Begegnung. Mir sind Berichte von Menschen begegnet, die aus ihrem Sterben zurückgeholt wurden und mitteilen konnten, was sie zwischen Leben und Tod erfahren haben... Meine Vorstellungen vom Sterben, die ich bislang für unumstößlich hielt, musste ich aufgeben, um neue, schönere und klare zu gewinnen. Die Konsequenzen für unseren Umgang mit den Sterbenden und unserem Sterben sind gar nicht abzumessen und beinflussen mein Leben schon heute, da ich noch mitten in ihm stehe. Ich bin glücklicher geworden, seit ich weiß, was in diesem Buch mitgeteilt ist ...“[1] Diese Sätze sind mir aus dem Herzen gesprochen. Sie stammen von dem Theologen Johann Christoph Hampe und stehen im Vorwort seines Buches „Sterben ist doch ganz anders“ aus dem Jahr 1975, demselben Jahr, in dem Moody sein „Leben nach dem Tod“ herausgebracht hat. (Die Bücher sind unabhängig voneinander). Hampe stellte ebenfalls eine Reihe von Nahtoderlebnissen vor und brachte sie in ähnlicher Weise mit einem Leben nach dem Tod in Verbindung, wie wir das hier versucht haben. Zwar fand Hampes Werk viel Beachtung[2], blieb aber im Schatten Moodys und führte nicht zu den angesprochenen „Konsequenzen“, die man hätte erhoffen können. Vielleicht ist jetzt, drei Jahrzehnte später, die Zeit reif dazu. Wir versuchen mit unseren Überlegungen einen Beitrag zur neuen Sichtweise zu leisten.

Viele Fragen sind offen geblieben, etwa solche über paranormale Phänomene wie Telepathie oder Präkognition, die – neben dem außerkörperlichen Sehen, das wir studiert haben – in den Nahtodvisionen oder sonst im Leben von Betroffenen eine Rolle spielen. Es ist schwer zu sagen, ob durch Nahtoderfahrungen eine erhöhte Sensibilität für Paranormales ausgelöst wird oder ob Nahtodbetroffene in der

Regel für ihr besonderes Erleben durch paranormale „Begabung" disponiert waren. Offen bleibt ferner ein tieferes Verstehen der Begegnungen mit Freunden oder Verwandten im Lichterlebnis. Auffallend ist, dass es sich durchweg um bereits verstorbene Personen handelt. Renate A. (18.) stellte sogar erst nachträglich fest, dass „Tante Cilla" wirklich nicht mehr lebte. In welcher Weise können Verstorbene „gesehen" werden? Diese Frage beschäftigt ohnehin viele Menschen angesichts von Totenerscheinungen. Wir können sie nicht beantworten, weder psychologisch noch als „Besuch aus dem Jenseits". Hier kommt noch einmal die Spannung zwischen traditionell-naturwissenschaftlicher Weltbetrachtung und Offenheit für Transzendenz zum Vorschein, die man nicht durch einen Kurzschluss auflösen sollte, weder einen materialistischen noch einen spiritualistisch-esoterischen. Beachtenswert ist, dass bei den Begegnungen in Nahtodvisionen keine Neugier befriedigt wird, indem Verstorbene erzählen, wie es im Jenseits aussieht. Vielmehr beschränken sich die Botschaften meist auf ein „Halt! Du musst noch einmal zurück."

Hervorstechend bleibt die Urerfahrung der Liebe und des Angenommenseins, die in Nahtoderfahrungen erlebt wird. Sie enthält eine ungeahnte mystische Tiefe. Selbst in den „Lebensfilmen", die manchmal begleitend gesehen werden, dominiert die Vergebung, auch wenn der Finger auf Verletzungen gelegt wird, die man anderen zugefügt hat.

* * *

Wir haben mit konkreten Nahtod-Berichten begonnen und kommen zum Schluss dieses Buches noch einmal auf konkrete Fragen zurück. Den Betroffenen mögen die allgemeinen Analysen helfen, ihre besonderen Erfahrungen auf dem großen Hintergrund religiöser Grunderkenntnisse zu betrachten, auch wenn nur der eine oder andere Aspekt ihr eigenes Erleben unmittelbar betrifft. Viele haben geschrieben, dass sie ausgelacht oder merkwürdig behandelt wurden, wenn sie von ihren Visionen erzählten, so als ob bei ihnen etwas nicht stimme. Einige haben nach solchen Gesprächen oder von vornherein das, was ihnen geschah, für sich behalten. Dabei brauchten sie sich nicht zu verstecken: In gewisser Weise ist es ein Privileg, durch eigene Nahtoderfahrungen mit dem Urgrund alles Religiösen in Berührung zu kommen, manchmal auch ein Ausgleich für das Erleiden einer schweren Krankheit oder eines Unfalls.

Darüber zu reden kann aber auch für diejenigen hilfreich sein, die nicht Betroffene sind. Jeder hat Erlebnisse eigener Art, bei denen letzte Fragen aufbrechen. Gegenseitige Mitteilung hat ein eigenes Gewicht, das gelegentlich allgemeine Betrachtungen „überwiegt".

Indessen geht es nicht nur um glückliche Erfahrungen. Auch Krisen, die durch Nahtoderlebnisse auftreten, sind manchmal zu bewältigen. Vor allem die Erfahrung, noch einmal ins triste Leben auf dem Krankenbett zurückzumüssen, wo man doch so gern im glücklichen Licht geblieben wäre, hat gelegentlich solche Krisen ausgelöst, die sich bis zu Depressionen steigern können. Bruce Greyson und Barbara Harris haben aufgrund jahrzehntelanger therapeutischer Arbeit einen lesenswerten Beitrag „Beratung von Menschen mit Nah-Todeserfahrungen" geschrieben (veröffentlicht in „Spirituelle Krisen" von St. und C. Grof [1990]). Sie geben vor allem für Nicht-Betroffene Hinweise, was man beim Umgang mit Betroffenen beachten sollte. Insbesondere weisen sie auf die wichtige Rolle des Gesprächs hin:

„Das Hilfreichste, was man nach einer Nah-Todeserfahrung tun kann, ist, sorgfältig auf alles zu hören, was der Betroffene erzählen möchte. Leute die von einer Erfahrung beunruhigt zu sein scheinen, spüren gewöhnlich einen gewissen Druck, sie möglichst schnell zu verstehen. Sie werden oft noch frustrierter, wenn man ihnen sagt, sie sollten nicht darüber sprechen, oder ihnen Beruhigungsmittel gibt, damit sie schweigen. Wenn man die Betroffenen reden lässt, können sie sich angstmachender Gefühle entledigen. Anders als halluzinierende Patienten, die durch das Sprechen über ihre Ängste und ihre Verwirrung noch beunruhigter werden können, sind Menschen mit Nah-Todeserfahrung im allgemeinen erleichtert, wenn man sie ringen lässt, bis sie die richtigen Worte gefunden haben, um ihre Erfahrung zu beschreiben."[3]

Glücklicherweise sind die meisten Krisen vorübergehender Art. Insgesamt gesehen münden Nahtoderfahrungen in einem bejahten, stärker verantwortungsbewussten Leben, oft verbunden mit einer vertieften oder neuen Hoffnung auf ein Leben nach dem Tod.

Wie wir schon gesehen haben, gehört sichtbare Religiosität keineswegs immer zu den Folgen. Paradox dabei ist, dass viele christlich aktive Menschen nur vage oder gar nicht an ein Leben nach dem Tod glauben, ganz im Gegensatz zu ihren nicht religiösen Bekannten, die ein Nahtoderlebnis hatten.

Eine besondere Gefahr besteht darin, dass Menschen mit Nahtoderfahrung nicht nur als persönlich merkwürdig eingestuft, sondern auch einer undurchsichtigen Spukszene oder der Esoterik zugerechnet werden. Zwar nehmen Theosophie, Anthroposophie und andere esoterische Denkweisen die Nahtoderfahrungen gern als Bestätigung ihrer Lehren auf. Nahtod-Betroffene sehen sich dort in der Regel besser verstanden als in chistlichen Kreisen. Dass aber Nahtoderlebnisse ebenso in keinerlei Widerspruch zu christlichem Glauben stehen und für diesen sogar eine wichtige Funktion erhalten können, haben wir schon dargelegt. Es wäre wünschenswert, wenn das im praktischen Umgang mehr Niederschlag fände. Es brauchte das nicht zu passieren, was mir vor ein paar Jahren eine Frau aus Süddeutschland schrieb: Sie arbeitete mit schönem Erfolg als Lektorin und Kommunionhelferin in einer katholischen Gemeinde, verschwieg aber dort beharrlich, dass ihr Gottesverhältnis in einer Nahtoderfahrung begründet ist und sie daraus Kraft schöpft.[4]

Angesichts von Nahtoderfahrungen, so haben wir gesehen, stellt sich vielen „aufgeklärten", intellektuell-religiösen Menschen, insbesondere manchen Theologen, die Frage, ob die „Seele Verstorbener" eine Realität darstellt, wenn auch keine unseren Sinnen zugängliche. Eine alte Frage wird neu gestellt. Sowohl die Ausserkörpererlebnisse wie die Begegnung mit Verstorbenen im Nahtoderleben sind Hinweise – nicht Beweise – dass es ein Leben nach dem Tod gibt und die „Seele" dort, in welcher Weise auch immer, neu „verleiblicht" ist. Diese Hinweise sind, auch wenn sie die Fragen nach dem, was im Einzelnen geschehen wird, unbeantwortet lassen, nicht nur prinzipiell, sondern auch für das konkrete Leben hilfreicher als abstrakte Denkfiguren von Theologen, die von einer „Ganztod-Theologie" reden.

Ob eine im Nahtod erlebte Anrede von verstorbenen Menschen oder einer Lichtgestalt „du musst noch einmal zurück" kausal zur Überwindung eines Koma beitragen kann – vielleicht gegen die Prognose der Ärzte – wissen wir nicht und können das auch stehen lassen. Es gibt weder Beweis noch Gegenbeweis, wenn auch wiederum positive Hinweise. Vielleicht geschieht im Sterben eines jeden Menschen das, was von wenigen noch einmal „Zurück-Geholten" oder „Zurück-Gekehrten" berichtet wird.

Vorschnelle Folgerungen sollte man nicht ziehen, wenn sogenannte Medien behaupten, Kontakte mit Toten herstellen zu können. Zwar sei auch hierüber kein letztes Urteil gefällt. Aber selbst wenn ein Medium zur Verblüffung von Fragenden vieles über einen Verstorbenen, den es nicht gekannt hat, weiß, so sagt das noch nicht, dass das Medium diese Information vom Verstorbenen selbst hat. Sie können telepathisch von denen, die fragen, auf das Medium übertragen worden sein. „Auskünfte" über den heutigen Zustand Verstorbener sind meist banal („Es geht ihm gut"). Das Medium selbst mag von seinen Jenseitskontakten ehrlich überzeugt sein. Ob es aber samt „Klienten" einer Täuschung aufsitzt, ist eine andere Frage.

* * *

Abschliessend seien einige persönliche Bemerkungen über meine Beziehung zum Thema „Nahtoderfahrungen" hinzugefügt. Ein eigenes Nahtoderlebnis hatte ich nicht. Meine Motivation, darüber zu schreiben, stammt aus meinem jahrzehntelangen Bemühen, die Kluft zwischen einem verengten naturwissenschaftlichen Weltverständnis und einer in rein theologischen Termini gefassten spirituellen Welt zu überbrücken. Als mögliche Konkretion habe ich vor etlichen Jahren die Nahtod-Fragen „entdeckt".

Gleichwohl traten neben die sachliche Beziehung zum Thema auch „innere" Motive hinzu. Sie stellten sich erst während meiner eingehenden Befassung mit Nahtoderfahrungen ein. Zum einen gewann ein frühes Erlebnis für mich neue Bedeutung. Ich komme aus dem Umfeld des Pietismus und hatte, beginnend in der Zeit meiner Konfirmation, eine etwa drei Jahre andauernde innere Auseinandersetzung mit der Erlösungsfrage. Sie mündete in ein Erlebnis, das sich eigenartig von der etwas quälerischen Suche nach dem „gnädigen Gott" abhob, nämlich ein stilles Gefühl des glücklichen Angenommenseins. Es hat mich durch mein Leben hindurch begleitet, wenn ich auch fortschreitend wenig darüber gesprochen habe. In meiner „theologischen Umgebung" war entweder Gefühlschristentum verpönt oder es wurde abstoßend sentimental praktiziert. Heute sehe ich mein Erlebnis als nahtodähnliche Erfahrung an und vergleiche es gern – zumal als Mathematiker – mit dem „Memorial" von Blaise Pascal.[3] Pascal verbarg sein „Feuer"-Erlebnis lebenslang: Die entsprechenden Notizen fand man nach seinem Tod in einen Anzug eingenäht. Das erinnert an die Scheu von Nahtod-Betroffenen, über ihr Lichterlebnis zu sprechen. Mein eigenes Erleben ist dem von Christoph Wohlgemuth (29.) vergleichbar, der nach einer Koma-Erfahrung nur Erlebnisse hatte, die sonst oft im Gefolge einer Nahtoderfahrung auftreten. Bei mir ist Ähnliches nicht aus einem Koma, sondern einer religiösen Tiefenkrise erwachsen. Insofern spüre ich doch eine persönliche Nähe zu Nahtod-Betroffenen.

Zum andern hat das Thema Nahtod für mich einen neuen Stellenwert bekommen, als 1996 meine damals 13-

jährige Tochter Esther-Sophie plötzlich und unerwartet, aus einem blühenden Leben heraus starb. Sie hatte mich noch kurz vorher auf einer Vortragsreise zum Thema „Physik der Unsterblichkeit?" begleitet. Das vorliegende Buch ist zusammen mit meinem vorausgehenden Beitrag „„Ich war tot'. Ein Naturwissenschaftler untersucht Nahtoderfahrungen" unversehens zu einem Stück „Trauerarbeit" geworden, verbunden mit der verstärkten Überzeugung, dass ich mein Kind wiedersehen werde.

Bitte an die Leser

Wenn Sie selbst ein Nahtoderlebnis oder eine damit vergleichbare Erfahrung hatten, freue ich mich, wenn Sie mir schreiben: Aeskulapweg 7, 44801 Bochum; Fax: 0234-7090521. E-mail: ewaldfamily@t-online.de. Gegebenenfalls bin ich bereit, Kontakte zwischen Nahtod-Betroffenen zu vermitteln. Auch auf das (von mir mitbegründete) Netzwerk Nahtoderfahrung e.V. sei hingewiesen: www.Netzwerk-Nahtoderfahrung.de

Anmerkungen

Jahreszahlen in eckigen Klammern verweisen auf das
Literaturverzeichnis

Einleitung

[1] Als besonders eindrucksvolles Beispiel führen wir eine Umfrage unter
Chinesen an, die in der Zeit der Maoistischen Kulturrevolution ein
Nahtoderlebnis hatten: Bei einem großen Erdbeben in 1976 in Tangs-
ham südöstlich von Peking kamen mehr als 240 000 Menschen ums
Leben. 1987 stellten der Chefarzt und ein weiterer Arzt der psychiatrischen Klinik von Tianjin, Feng Zhi-ying und Liu Jian-xun [1992],
unter den Überlebenden eine Untersuchung über Nahtoderfahrungen
an. Sie übernahmen teilweise einen Fragebogen des amerikanischen
Nahtodforschers Bruce Greyson. Die Forscher befragten 81 Nahtod-
Betroffene – fast alle teilweise oder ganz querschnittsgelähmt (11 Ver-
waltungsangestellte oder Techniker, 27 Arbeiter, 12 Bauern, 31 Haus-
frauen oder „studierte Jugendliche, die dem Ruf des Vorsitzenden Mao
gefolgt waren, sich auf dem Land niederzulassen, um die neue Bauern-
klasse zu bilden") – drei Stunden lang und hielten das Ergebnis in
Fragebögen fest. Diese enthielten insgesamt 40 Merkmale des Nahto-
derlebens, die mit „ja" oder „nein" bewertet wurden. Darunter befanden sich alle die von Bruce Greyson zugrundegelegten Merkmale, aber
auch neue wie das „Gefühl, dem eigenen Körper entfremdet worden zu
sein" (möglicherweise – in der Sprache des dialektischen Materialismus
– eine Umschreibung von „Außerkörpererfahrung"). Das Ergebnis ist
so eindrucksvoll, dass wir die Tabelle mit den 40 Merkmalen und den
Prozentzahlen der „ja"-Antworten wiedergeben:

1. Gefühl der Entfremdung vom Körper	68 %
2. Ungewöhnlich lebhafte Gedanken	65 %
3. Verlust von Gefühlen	63 %
4. Ungewöhnliche körperliche Empfindungen	60 %
5. Leben erscheint wie ein Traum	58 %
6. Gefühl des Sterbens	57 %
7. Gefühl des Friedens oder der Euphorie	52 %
8. Lebensrückblick oder „panoramische Erinnerung"	51 %
9. Ungewöhnlich schnelles Denken	51 %
10. Zeit scheint schneller zu vergehen als gewöhnlich	43 %
11. Ausser-Körper-Erfahrung	43 %

12. Empfindung, die Welt werde ausgelöscht	42 %
13. Gefühl der Schwerelosigkeit	40 %
14. Unwirkliches Gefühl vom eigenen Selbst	33 %
15. Sinne ungewöhnlich lebhaft	28 %
16. Plötzliches Verstehen	28 %
17. Erblicken Verstorbener oder religiöser Gestalten	28 %
18. Gedanke, man habe das Geschehen nicht unter bewusster Kontrolle	28 %
19. Gefühl, gezogen oder zusammengedrückt zu werden	28 %
20. Eine ausserirdische Umgebung des Existierens	26 %
21. Durch eine äussere Macht überwacht werden	23 %
22. Sinne getrübt oder abgestumpft	23 %
23. Zwiespältige Einstellung zum Tod	23 %
24. Gefühl, von seiner Umgebung losgelöst zu sein	22 %
25. Gerichtet oder zur Verantwortung gezogen werden	22 %
26. Die Welt erscheint unwirklich	21 %
27. Die Zeit scheint sich zu verlangsamen oder stehen zu bleiben	20 %
28. Zukunftsvisionen	17 %
29. Ein Gefühl kosmischer Einheit	16 %
30. Ein tunnelartiger dunkler Bereich	16 %
31. Denken getrübt oder abgestumpft	16 %
32. Grenze oder point of no return	15 %
33. Ein unnatürlich brillantes Licht	15 %
34. Gefühl, tot gewesen zu sein	15 %
35. Aussersinnliche Wahrnehmung (ESP)	14 %
36. Bedeutungsvolle Klänge	12 %
37. Gefühl der Freude oder des Wohlbefindens	10 %
38. Bedeutungsvolle Visionen	9 %
39. Gefühl, eine andere Person zu sein	6 %
40. Ungewöhnliche Gerüche	1 %

I. Was Betroffene erleben. Nahtodberichte aus Deutschland

[1] Wir geben Originalberichte in kursiv wieder, Zitate aus der Literatur in Standardschrift

[2] In ausführlicherer Form findet sich der Bericht von Sabine Mehne unter dem Titel „Wie geht das Leben weiter nach einer Nahtoderfahrung?", in: Läpple/Schmidt [2005], S. 143–152. – Auch auf den Roman Mehne [2005] („Winterfell") sei hingewiesen, in dem Frau

Mehne indirekt das Erleben um ihre Krebserkrankung herum zur Wirkung kommen lässt.

3   Im Beitrag „Nahtoderfahrung – eine Grenzerfahrung aus persönlicher Sicht" in Läpple/Schmidt [2005], S. 10–13 findet sich eine etwas ausführlichere Fassung des Berichts von Alois Serwaty.

4   Der größte Teil des hier von Rita Groß-Grevenbroich Berichteten findet sich in dem ausführlicheren Beitrag „Eine Nahtoderfahrung nach einem Suizidversuch. Auswirkungen auf das weitere Leben – Wünsche und Hinweise zur Begleitung von Menschen mit Nahtoderfahrungen" in Läpple/Schmidt [2005], S. 157–169.

II. Medizinische, naturwissenschaftliche und paranormale Aspekte

Methodische Grundfragen

1   M. Schröter-Kunhardt „Nah-Todeserfahrungen aus psychiatrisch-neurologischer Sicht", in: Knoblauch/Soeffner [1999], S. 65–99; leicht verändert in: Läpple/Schmidt [2005], S. 28–78; ferner: Schröter-Kunhardt [1992], [1993]

Realität in Außerkörpererlebnissen

1   www.br-online.de/wissen-bildung/artikel/0404/14-nahtoderfahrungen/index.xml

2   Ring/Cooper [1997]. Man fand 21 Frauen und 10 Männer im Alter zwischen 22 und 70, die blind waren und ein Nahtoderlebnis oder nur ein Außerkörpererlebnis hatten. Das Ergebnis fiel deutlicher aus als man es hätte erwarten können: 24 der 31 Betroffenen gaben an, gesehen zu haben, vier waren unsicher, drei hatten nichts visuell wahrgenommen. Fast die Hälfte der Angesprochenen, nämlich 13, waren seit der Zeit ihrer Geburt blind, zwei schon während der Geburt, die anderen verloren nach einer Frühgeburt ihr Augenlicht, weil im Brutkasten der Sauerstoffanteil zu hoch war. „Ich weiß nicht, was Sie mit ‚Sehen' meinen" sagte einer der Letzteren; aus der Umschreibung der Wahrnehmung konnte man indirekt schließen, dass es sich um „Sehen" handelte.

3   „Vorbericht" in „Träume eines Geistersehers" (1766), in I. Kant [1989], S. 921–989

4   Deutsche Ausgabe Sinclair [1973]

5   Vgl. Gruber [2001]

6 A.a.O. S. 78–79
7 Sabom [1998] S. 186
8 A.a.O. S. 42

Trennung von Körper und Seele?

1 In einem Interview: BBC Exklusiv „Begegnung mit dem Tod". Doku-
   mentation, Groß-Britannien 2002 – VOX – 22:10–23:05 am 21.4.03.
2 Vgl. Schröter-Kunhardt [1999], S. 66
3 Zu dieser Thematik vgl. auch Ewald [1998], [1999], [2003]

III. Nahtoderfahrungen und Religion

Mystik

1 Hierzu und zum Folgenden vgl. meinen Beitrag „Die Physik und das
   Jenseits. Zur naturwissenschaftlichen Denkmöglichkeit einer individuellen Fortexistenz nach dem Tod", in: Kessler [2004], S. 137–164
2 In: Läpple/Schmidt [2005], S. 87–112
3 A.a.O. S. 95
4 A.a.O. S. 89
5 A.a.O. S. 90
6 Newberg [2003]
7 Zit. Nach Brackert, in Läpple/Schmidt [2005], S. 93–94
8 Im Tibetischen Buddhismus spielen Nahtoderlebnisse in anderer Weise eine Rolle (vgl. V. Läpple „Nahtoderfahrungen und ihre Bezüge in
   Religion und Literatur. Auf dem Weg zu einer neuen Deutung", in:
   Läpple/Schmidt [2005], S. 113–142; Moody [1994], S. 125ff.; Högl
   [1998], S. 101ff.). Als weiteres Beispiel, in dem eine derartige Grenz-
   beziehung eingehend studiert wurde, sei der Schamanismus genannt;
   vgl. hierzu das Buch von Joachim Faulstich [2003]

Buddhismus der kleinen Leute

1 Becker [1981] S. 155
2 Conze [1995] S. 113
3 A.a.O. S. 136
4 A.a.O.
5 A.a.O. S. 137
6 A.a.O.
7 Becker [1995] S. 159

[8]   A.a.O. S. 158
[9]   A.a.O. S. 161
[10] A.a.O. S. 164

Reinkarnationsglaube

[1]   In: Transpersonale Psychologie und Psychologie, 2. Jahrgang 1996, 67-83. (Kann auch beim Autor bestellt werden: Görresstr. 81, 69126 Heidelberg). Vgl. auch Thiede [1994], Kap. III („Reinkarnation: Das bagatellisierte Diesseits")

[2]   A.a.O. S. 75

[3]   Im Judentum ist der noch existierende Chassidismus zu nennen, im Christentum die Anhänger von Origenes (die aber nur eine Reinkarnation in späteren „Äonen" annahmen) und im Islam Teile der sufistischen Mystik

Reaktion christlicher Fundamentalisten

[1]   W. Thiede: „Todesnähe-Forschung – Annäherung an die Innenseite des Todes? Zur Geschichte und Hermeneutik der Thanatologie", in: Knoblauch-Soeffner [1997], 159–186, S.176. Der Beitrag stellt eine überarbeitete Fassung des Kapitels „Sterbeforschung: Die bagatellisierte Grenze" in dem Buch „Die mit dem Tode spielen" (Thiede [1994]) dar. Wie schon die veränderte Überschrift andeutet, hat Thiede in dem neuen Beitrag seine theologisch abweisende Einstellung zu Nahtod-Fragen korrigiert und schreibt am Schluss: Die Resultate der Thanalogie „können ein Hoffen über den Tod hinaus weder legitimieren noch negieren. Aber sie werten dieses Hoffen wieder stärker zu etwas ernsthaft Bedenkenswertem auf, das keineswegs derart mystisch-transzendental ist, dass man darüber nur schweigen könnte oder müsste. Zumindest indirekt dürften sie mit dazu beigetragen haben, dass auch im Rahmen der evangelischen Theologie, die fast das ganze 20. Jahrhundert lang überwiegend mit der sogenannten ‚Ganztod'-These meinte, die spirituellen Sehnsüchte befriedigen zu sollen ... wieder neu – in legitimer Anknüpfung an Martin Luther – über das Recht des Unsterblichkeitsgedankens korrelativ zur kosmischen Auferstehungshoffnung nachgedacht wird."

[2]   Vorwort zu Kent/Fotherby [1997], S. xiii

[3]   A.a.O. S. ix–x

[4]   Vgl. Sabom [1998] S. 131 ff.

[5]   Sabom a.a.O. S. 215 mit Zitat Matth. 24,24

[1]   Zink [1999] S. 76
[2]   A.a.O. S. 45–46
[3]   2 Kor. 5,3–4 (Übersetzung Jörg Zink)
[4]   Calvin [1928] S. 481
[5]   A.a.O.; vgl. Auch Lang/McDannell [1990] S. 202ff. und S. 274ff.
[6]   Rahner [1980] S. 447
[7]   Rahner [1975] S. 459
[8]   Moltmann [1999] S. 10
[9]   A.a.O.
[10] A.a.O.
[11] Rahner a.a.O. S. 462
[12] Vgl. Moltmann [1995] S. 124, Klappert [1997] S. 36ff.
[13] Das ist näher ausgeführt in meinem Beitrag [1999], S. 223–228

Schlussgedanken

[1]   Hampe [1987], S. 9
[2]   Die hier zitierte 2. Auflage enthält die Bemerkung „13.–19.Tsd."
[3]   In Pascal [1978]
[4]   St. und C. Grof [1990], S. 243–244
[5]   Dokumentiert in Ewald [1999], S. 14–18

Literatur

Becker, C.B.: The Centrality of Near-Death Experiences in Chinese Pure Land Buddhism. In: Anabiosis 1 (1981) S. 154–171

Calvin, J.: Unterricht in der christlichen Religion, Hg. L.F.K. Müller, Neukirchen Kr. Moers: Buchhandlung des Erziehungsvereins 1928

Conze, E.: Der Buddhismus: Wesen und Entwicklung, 10. Aufl. Stuttgart, Berlin, Köln: Kohlhammer 1995

Ewald, G.: Die Physik und das Jenseits. Eine Spurensuche zwischen Naturwissenschaft und Philosophie. Augsburg: Pattloch 1998

ders.: ,Ich war tot'. Ein Naturwissenschaftler untersucht Nahtod-Erfahrungen. Augsburg: Pattloch 1999

ders.: Gibt es ein Jenseits? Auferstehungsglaube und Naturwissenschaften. Mainz: Matthias-Grünewald-Verlag 2. Aufl. 2003

Faulstich, Joachim: Das innere Land. Bewusstseinsreisen zwischen Leben und Tod. München: Knaur 2003

Grof, St. und C.: Spirituelle Krisen. Chancen der Selbstfindung. München: Kösel Verlag 1990

Gruber, E. G.: Die PSI-Protokolle. Das geheime CIA-Forschungsprogramm und die revolutionären Erkenntnisse der neuen Parapsychologie. München Droemer-Knaur 2001

Hampe, J. Ch.: Sterben ist doch ganz anders. Erfahrungen mit dem eigenen Tod. Stuttgart: Kreuz Verlag 1975; 2. Aufl. Gütersloh: Gütersloher Verlagshaus 1987

Högl, S.: Leben nach dem Tod? Menschen berichten von ihren Nahtod-Erfahrungen. Rastatt: Moewig 1998

Kant, I.: „Träume eines Geistersehers", in: Werke in sechs Bänden. Hg. Weischedel WBG Darmstadt 1989 I, S. 921–989

Kent, R. & Fotherby, V.: The Final Frontier. Incredible Stories of Near-Death-Experiences. London: Marshall Pickering 1997

Kessler, H. (Hg.) Auferstehung der Toten. Ein Hoffnungsentwurf im Blick heutiger Wissenschaften. Darmstadt WBG 2004

Klappert, B.: Das Kommen Gottes und der Weg Jesu Christi. Gütersloh: Gütersloher Verlagshaus 1997

Knoblauch, H., Soeffner, H.-G. (Hg.): Todesnähe. Interdisziplinäre Zugänge zu einem aussergewöhnlichen Phänomen. Konstanz : UVK Universitätsverlag Konstanz 1999

Läpple, V., Schmidt, K. W. (Hg): „Dem Tod so nah..." – Wenn die Seele den Körper verlässt. Arnoldshainer Texte. Haag + Herchen Verlag 2005

Mehne, S.: Winterfell. Roman. Schweinfurt: Wiesenburg 2005

Moltmann, J.: Das Kommen Gottes. Christliche Eschatologie. Gütersloh: Gütersloher Verlagshaus 1995

Moody, R.A.: Leben nach dem Tod. Die Erforschung einer unerklärten Erfahrung. Reinbek b. Hamburg: Rowohlt 1997

Newberg, Andrew; D'Aquili, Eugene; Rause, Vince: Der gedachte Gott. Wie Glaube im Gehirn entsteht. München: Piper 2003

Pascal, Blaise: Gedanken. Stuttgart: Reclam 1978

Rahner, K. Über den Zwischenzustand, in: Schriften zur Theologie XII Einsiedeln: Benziger 1975, S. 455–466

Rahner, K.: Fegfeuer: in: Schriften zur Theologie XIV. Einsiedeln: Benziger 1980, S. 435–449

Sabom, M.: Light & Death. One Doctor's Fascinating Account of Near-Death Experiences. Grand Papids (Michigan): ZondervanPublishing-House 1998.

Schröter-Kunhardt. M.: Nah-Todeserfahrungen oder: ein neues anthropologisches Paradigma. TW Neurologie-Psychiatrie 1992, S. 621–622

ders.: Mögliche neurophysiologische Korrelate des NDE. In: Dittrich, A. (Hg.): Welten des Bewußtseins Bd. 2. Berlin: VWB – Verlag für Wissenschaft und Gesellschaft 1993, S. 57–75

ders.: Nah-Todeserfahrungen in aus psychologisch-neurologischer Sicht. In: H.Knoblauch, H.G. Soeffner (Hg.) 1999, S. 65–99

Sinclair, U.: Radar der Psyche. Das PSI-Geschehen der Gedankenübertragung und der Gedankenbeeinflussung. Scherz Berun und München 1973

Thiede, W.: Die mit dem Tod spielen. Okkultismus, Reinkarnation, Sterbeforschung. Gütersloh: Gütersloher Verlagshaus GTB 1994

Zhi-ying, Feng; Jian-xun, Liu: Near–Death Experiences Among Survivors of the 1976 Tangshan Earthquake. In: Journal of Near-Death Studies 11, 1992, S. 39–48

Zink, J.: Auferstehung. Und am Ende ein Gehen ins Licht. Stuttgart: Kreuz-Verlag 1999

Namens- und Stichwortverzeichnis